GW00402098

EOLAÍ PÓCA

CRAINN

Tuairisc ar bheagnach 200 de na crainn
is coitianta san Eoraip maille le
léaráidíocht lándaite

Pamela Forey

Aistriúchán: Maitiú Ó Murchú

An Gúm

Tábla Malairte

1 mm	= 0.039 orlach	25 cm	= 9.842 orlach
5 mm	= 0.196 orlach	50 cm	= 19.68 orlach
1 cm	= 0.394 orlach	1 m	= 39.37 orlach
5 cm	= 1.968 orlach	5 m	= 16.40 troigh
10 cm	= 3.937 orlach	10 m	= 32.81 troigh

Foilsíodh an t-eagrán seo faoi cheadúnas ag
Malcolm Saunders Publishing Ltd., Londain

© 1990 an t-eagrán Béarla, Atlantis Publications Tta.
© 1996 an t-eagrán Gaeilge seo, Rialtas na hÉireann

ISBN 1-85791-193-8

Computertype Tta a rinne an scannánchló in Éirinn
Graficas Reunidas a chlóbhuail sa Spáinn

Le ceannach díreach ó:
Oifig Dhíolta Foilseachán Rialtais
Sráid Theach Laighean
Baile Átha Cliath 2

Nó tríd an bpost ó:
Rannóg na bhFoilseachán,
Oifig an tSoláthair,
4-5 Bóthar Fhearchair,
Baile Átha Cliath 2.

An Gúm, 44 Sráid Uí Chonaill Uacht., Baile Átha Cliath 1.

Clár

Réamhrá

É a chur ar chumas an léitheora bunús na gcrann Eorpach a fheicfidh sé a aithint go cinnte, agus chomh furasta agus is féidir, is aidhm don leabhar seo.

Seans nach mbeadh an deis ná an t-am ag daoine le suim mhór a chur i gcrainn ach chuirfidís fáilte mhór roimh áis a chuideodh leo crann a mheallfadh a n-aird a aithint go furasta, ar saoire nó ag siúl faoin tír dóibh, mar shampla, nó crann fiú a gcuirfidís sonrú ann i bpáirc phoiblí áitiúil nó i ngairdín.

Is minic a thagann corrabhuais ar dhaoine nuair a thugann siad faoi leabhar ina mbíonn liosta iomlán de chrainn na hEorpa. Cá háit a n-amharcfaidh siad má tharlaíonn, mar a bhíonn de ghnáth, na crainn a bheith roinnte ina bhfinte? Is beag tuiscint, ar ndóigh, a bheadh ag an tosaitheoir ar an bhfine lena mbaineann aon chrann ar leith. Ar an ábhar sin tá an leabhar seo leagtha amach ar dhóigh eile. Cuireadh na crainn ina ngrúpaí de réir chruth a gcuid duilleog, gné is furasta a aithint.

Déantar cur síos ar na crainn agus léirítear iad ina bhfoirmeacha earraigh agus fómhair agus lena gcuid torthaí fómhair, mar gur dóiche gur ag na tráthanna sin a mheallfaidís daoine a chéaduair le suntas a chur iontu. Leagadh béim ar na bláthanna agus ar na torthaí, chomh maith leis na duilleoga, mar ní hamháin gurb iad na tréithe is suntasaí den chrann iad ach is iad is sainiúla agus is so-aitheanta.

Níltear á mhaíomh áfach gur liosta iomlán atá sa rogha crann a bhfuil cur síos orthu sa leabhar seo (crainn a bhfuil leathanach iomlán acu dóibh féin agus pláta lándaite atá i gceist). Is iomaí speiceas a bheadh le fáil i limistéar áfach, mór cuntas an Eoraip, ón Meánmhuir go dtí na ceantair Artacha, ionas go mbíonn crainn atá gann nó ar iarraidh ó thuaidh fairsing ó dheas agus a mhalairt. Ach an léitheoir sracfhéachaint a thabhairt ar an mbosca don dáileadh (féach an sampla i bhfíor 2) beidh a fhios aige an mbíonn crann ar leith le fáil ina limistéar féin den Eoraip. Fágadh ar lár roinnt crann dúchasach a fhásann in áiteanna scoite ar shiúl ó chonair daoine nó a bhfuil dáileadh teoranta orthu. Ar an taobh eile den scéal, áfach, tá cuntas ar chrainn a tugadh isteach agus ar roinnt speiceas hibrideach mar go bhfuil siad curtha go fairsing ar shráideanna, nó i bpáirceanna poiblí agus i ngairdíní, áit a dtiocfadh daoine nach saineolaithe iad trasna orthu agus a mbeifí ag déanamh iontais díobh.

An leabhar seo a úsáid

Ceithre chuid atá sa leabhar, *Crainn leathanduilleacha, Crainn phailme agus phailmiúla* agus *Buaircínigh (cónaiféir)* mar aon le *Crainn chosúla agus Saothróga*, a chuireann lena bhfuil sna codanna eile. Baintear leas as bandaí daite barrleathanaigh (fíor 1) chun idirdhealú a dhéanamh eatarthu.

Fíor 1 Eochair do rannóga na gcrann

Cainn leathanduilleacha

Crainn phailme agus phailmiúla

Buaircínigh

Crainn chosúla agus Saothróga

Bain úsáid as an Treoir chun Aitheanta ar lch 7 maidir leis an gcineál crainn agus duilleoige. Socraigh duit féin ar dtús cé acu rannóg thuas lena mbaineann do chrannsa. Cuideoidh siombailí na nduilleog leat an liosta a laghdú tuilleadh agus beidh ar do chumas an crann a aithint go cinnte agus an éiginnteacht a sheachaint ach úsáid a bhaint as an eolas sna boscaí daite faoi léaráid gach crainn. Tá leathanach samplach i bhfíor 2.

BUNGHNÉITHE

Beidh an léitheoir in ann an crann a aithint ó na buntréithe a bhfuil cur síos orthu sa chéad bhosca agus ón léaráid, uaireanta. Mar sin féin, tarlaíonn sé in amanna gur ar ghrúpa tréithe a aithnítear crann, an cineál crainn ar an gcéad dul síos (e.g. an dair, má bhíonn dearcáin ann) agus an speiceas ansin (e.g. an dair choiteann, má bhíonn gasáin ar na dearcáin). Féadfaidh an léitheoir a bheith cinnte cén crann é má ghabhann na tréithe ar fad sa chéad agus sa dara bosca leis.

Baineann fadhb séasúir le crainn áfach, sa mhéid is más as a chuid bláthanna a shainaithníonn an chéad bhosca an crann gur ag tráth áirithe amháin den bhliain is féidir an t-eolas sa bhosca sin a úsáid. Ar an ábhar sin tá breis eolais sa dara bosca faoi thorthaí agus faoi dhuilleoga a chuideoidh leis an léitheoir na crainn a aithint ag tráthanna eile den bhliain.

BLÁTHANNA AGUS TORTHAÍ

Gheobhaidh tú amanna an bhláthaithe agus na dtorthaí ag bun an leathanaigh ach tá sé tábhachtach a thuiscint nach bhfuil ansin ach treoir ghinearálta. Tiocfaidh bláth ar chrann a bhíonn ag fás i ndeisceart na hEorpa roinnt seachtainí níos luaithe ná ceann den speiceas céanna sna ceantair ó thuaidh. Tríd is tríd is fearr an treoir é am bláthaithe ná am na dtorthaí, a bhíonn an-luaineach. Maidir le ham na dtorthaí is torthaí aibí a bhíonn i gceist. Más é an t-earrach nó tús an tsamhraidh an t-am bláthaithe agus más é an fómhar am na dtorthaí is fiú a mheabhrú go mbeidh na torthaí le feiceáil i rith an tsamhraidh, iad ag borradh agus ag fás go mbeidh siad aibí ionas gur minic torthaí ar chrann ar feadh tréimhse i bhfad níos faide ná an t-achar a mbeadh bláthanna air. Ach é a chur san áireamh, mar sin, nach mbeadh an toradh lánaibí ná an dath lánfhorbartha fós, d'fhéadfaí an toradh a úsáid mar áis chun aitheanta.

Treoir ghinearálta faoi dháileadh na gcrann san Eoraip atá sa tríú bosca (áirítear Éire ina cuid d'iarthar agus de thuaisceart na hEorpa) agus tugann sé mionsonraí faoin timpeallacht, faoin ithir is oiriúnaí, faoi chrainn a fhásann i gcathracha, in aice le huisce agus mar sin de.

MEARBHALL A SHEACHAINT

Sa cheathrú bosca ar gach leathanach tugtar ainmneacha crann atá chomh cosúil sin leis an gcrann atá faoi chaibidil go gcuirfidís mearbhall ar dhuine, b'fhéidir. Gheobhaidh tú cuntas ar mhionsonraí na gcrann cosúil sin ar leathanaigh eile (nó más idir lúibíní dóibh beidh teacht orthu sa roinn dar teideal Crainn chosúla agus Saothróga, Roinn 4).

Tá tábhacht le bosca na gcrann cosúil ar dhá chúis. Ar an gcéad dul síos tá sé rófhurasta dóigh a dhéanamh de do bharúil agus tréithe sainiúla á lorg, ionas go mbeadh an cinneadh déanta agat sula mbeadh seiceáil déanta ar na bunphointí. Bíonn an-chosúlacht idir roinnt speiceas crann. Ar an dara dul síos tá sé an-tábhachtach don léitheoir a fhios a bheith aige go cruinn cé na grúpaí crann atá cosúil le chéile ionas gur féidir leis na difríochtaí a sheiceáil. Sin an áit a dtagann deireadh leis an mbuille faoi thuairim agus a bhíonn scil i gceist.

I roinn 4 tá 1) grúpa de speicis neamhfhorleathana a bhféadfaí na crainn faoi chaibidil a mheascadh leo; 2) roinnt cineálacha crann comónta gairdín, ina measc crainn silíní Seapánacha, saghsanna Magnóilia, Cuilinn agus Eoclaipí, a bhfuil oiread sin cineálacha díobh ann nach bhféadfaí dóthain spáis a sholáthar dóibh i rannóg na gcrann éagsúil; agus 3) na cineálacha buaircíneacha is coitianta a mbíonn an-éileamh orthu i gcomhair fálta agus mar chrainn ornáideacha i ngairdíní an lae inniu.

SEICEÁIL AR A BHFEICEANN TÚ

Táimid réidh chuige. Leabhar póca é seo. Tabhair leat é ar do chéad siúlóid eile agus féadfaidh tú an crann ar ghlac tú foscadh faoi ar an gcoirnéal a aithint ar deireadh thiar, nó an ceann ar an gcéad bhóthar thíos uait a mbíonn na bláthanna galánta air gach bliain. Ach cuimhnigh, is go mall a fhásann crainn: mar sin, bí san airdeall faoi chúrsaí méide. Fiú má dúradh go mbíonn crann áirithe mór ní hionann sin is a rá go mbeidh tú mícheart toisc do chrannsa a bheith beag – b'fhéidir gur crann óg é. Ach ní athróidh na duilleoga, na bláthanna ná na torthaí mar gur saintréithe iad a bhaineann leis an speiceas sin crainn.

Tuigeann tú anois an tslí leis an leabhar seo a úsáid. Tá an t-eolas uile atá de dhíth ort don uain agat. Ádh mór – agus ná dearmad tic a chur leis na crainn a aithníonn tú ar an liosta seiceála a ghabhann leis an innéacs.

Treoir chun Aitheanta

CRAINN LEATHANDUILLEACHA

Crainn iad sin ar a mbíonn líon mór duilleog beag tanaí leathan a fhásann ar chraobhóga adhmaid a bhíonn ag fás amach as géaga nó as stoic adhmaid. Bíonn na crainn sin faoi bhláth tráthanna ar leith den bhliain (peitil a bhíonn ar chuid díobh e.g. an Caorthann nó an Crann Oráiste; mothair bhruthacha de bhláthanna gan pheitil a bhíonn ar a thuilleadh díobh e.g. an Fhuinseog agus an Leamhan; agus is caitíní a bhíonn ar a thuilleadh fós, e.g. an tSaileach agus an Dair) agus is toradh tirim nó toradh súmhar a thugann a mbunús. Má thagann do chrannsa leis an gcur síos thuas bain úsáid as na fomhíreanna ar lch 8.

Fíor 2 Leathanach samplach

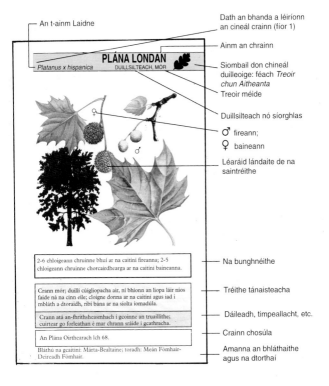

An t-ainm Laidne

Dath an bhanda a léiríonn an cineál crainn (fíor 1)

Ainm an chrainn

PLÁNA LONDAN
Platanus x hispanica DUILLSILTEACH, MÓR

Siombail don chineál duilleoige: féach *Treoir chun Aitheanta*

Treoir méide

Duillsilteach nó síorghlas

♂ fireann;

♀ baineann

Léaráid lándaite de na saintréithe

2-6 chloigeann chruinne bhuí ar na caitíní fireanna; 2-5 chloigeann chruinne chorcairdhearga ar na caitíní baineanna. — Na bunghnéithe

Crann mór; duillí cúigliopacha air, ní bhíonn an liopa láir níos faide ná na cinn eile; cloigne donna ar na caitíní agus iad i mbláth a dtoraidh; ríbí bána ar na síolta iomadúla. — Tréithe tánaisteacha

Crann atá an-fhrithsheasmhach i gcoinne an truaillithe; cuirtear go forleathan é mar chrann sráide i gcathracha. — Dáileadh, timpeallacht, etc.

An Plána Oirthearach lch 68. — Crainn chosúla

Bláthú na gcaitíní: Márta-Bealtaine; toradh: Meán Fómhair-Deireadh Fómhair. — Amanna an bhláthaithe agus na dtorthaí

Crainn a mbíonn duillí simplí orthu Crainn a mbíonn duillí iomlána orthu, agus iad neamhroinnte gan liopaí. Duillí den chineál sin a bhíonn ar chuid mhór crann, agus tá trí ghrúpa déanta den fhoroinn sin againn chun gur fusa duit do chrann a aithint:

Duillí simplí na bhfiacla singile Bíonn imeall fiaclach ar dhuilleoga na gcrann sin, agus na fiacla géar nó cruinn, mín nó garbh. Má bhíonn fiacla na nduillí ar do chrannsa chomh mín sin nach féidir leat a bheith cinnte cá háit a mbeidís, nó má bhíonn cuid de na duillí fiaclach agus a thuilleadh gan fiacla, ba cheart duit amharc sa rannóg faoi chrainn na nduillí simplí neamhfhiaclacha freisin.

Grúpa measartha mór é agus tá na crainn leagtha amach i gcaoi is go bhfuil na crainn sin a mbíonn fiacla beaga ar a gcuid duillí chun tosaigh agus iad siúd a mbíonn fiacla níos mó ar a gcuid duillí i dtreo an deiridh. Ach comparáid ghasta a dhéanamh tuigfidh tú cé acu ab fhearr duit tosú ina thús agus oibriú ar aghaidh nó tosú ag an deireadh agus oibriú siar.

Duillí simplí na bhfiacla dúbailte Imeall sách garbhfhiaclach a bhíonn ar dhuillí na gcrann seo, agus bíonn na fiacla garbha féin fiaclach chomh maith - is ar an ábhar sin a deirtear go mbíonn fiacla dúbailte orthu.

Duillí simplí neamhfhiaclacha Imeall gan fiacla a bhíonn ar dhuillí na gcrann seo de ghnáth, cé go mbeadh fiacla neamhrialta ar roinnt de na duillí, b'fhéidir, é sin nó bheadh na fiacla ar imeall na nduillí chomh mín sin go mba dheacair a shocrú cé acu an duillí fiaclacha iad nó a mhalairt. Má bhíonn amhras ort ba cheart duit tús a chur leis an ghrúpa na gcrann ar a mbíonn duillí simplí na bhfiacla singile a sheiceáil freisin. Imeall tonnúil (an Fheá, lch 51) nó spíonach, nó imeall tonnúil agus spíonach in éineacht a bhíonn ar roinnt de na duillí sa rannóg seo. Ní mar a chéile spíon agus fiacail (an Cuileann, lch 61, mar shampla).

Crainn na nduillí liopacha Roinnte ina liopaí a bhíonn seamaidí (lanna) na nduillí seo. Is ina bpéirí a bhíonn siad uaireanta, e.g. an Dair Ghallda (an léaráid ar chlé), nó d'fhéadfadh cruth sórt triantánach a bheith orthu (an Seiceamar, lch 75). Ní thagann na liopaí go bun an duille ná go dtí an lárlíne, rud a roinnfeadh í ina duillíní ar leith. Má bhíonn duille agat a bhíonn roinnte go bun nó fad leis an lárlíne is sa chéad rannóg eile, crainn na nduillí comhdhuilleacha, ba cheart duit amharc.

Crainn na nduillí comhdhuilleacha Bíonn seamaidí na nduillí seo roinnte ina nduillíní ar leith, cúpla ceann b'fhéidir, nó lear mór. Feadh fhearsaid an duille a bhíonn na duillíní de ghnáth e.g. an crann Caorthainn (an léaráid ar clé), ach is ó ionad amháin i mbarr choisín an duille a fhásann iomlán na nduillíní amanna e.g. an Crann Cnó Capaill (lch 85).

CRAINN PHAILME AGUS PHAILMIÚLA

Crainn iad seo a ndéantar a stoc as bunanna seanduillí, ní fíorstoc adhmaid iad in aon chor. Fásann na duilleoga ina ndlúthchoróin as barr na stoc agus bíonn duillí simplí, duillí feanchruthacha agus comhdhuillí mínroinnte uile i gceist. Má thagann tú ar chrann den chineál sin tig leat dul díreach go dtí na plandaí a bhfuil cur síos orthu sa rannóg seo.

BUAIRCÍNIGH

Crainn a mbíonn cruth rialta orthu, agus neart mionduillí spíonacha nó crotalacha orthu, a fhásann ar ghéaga adhmaid a bhíonn ag fás amach ó aon stoc adhmaid amháin. Bíonn bláthanna beaga baineanna agus fireanna ar leith, agus iad ar nós mionbhuaircíní, ar na crainn sin. Déanann buaircíní aibí, ina mbíonn síolta, de na bláthanna baineanna, nó 'caora' ina mbíonn síolta i gcás corrspeicis. Má tá do chrannsa de réir an chuir síos sin breathnaigh an dá fho-roinn seo a leanas:

Crainn na nduilleog spíonach Cuma snáthaide a bhíonn ar dhuillí na gcrann seo. Ina sraitheanna nó ina mbíseanna feadh na gcraobhacha a fhásann siad, nó ina mbraislí (e.g. Céadar na Liobáine, lch 104) nó ina bpéirí (e.g. an Péine Albanach, lch 108).

Crainn na nduilleog crotalach Duillí beaga crotalacha agus iad chomh tiubh agus chomh tréan sin ar na craobhacha go gcuireann siad cuma ghlas thriopallach orthu. Duillí crotalacha deilgneacha a fhásann ar chúpla crann e.g. an tAiteal Síneach (lch 111).

Tuilleadh Léitheoireachta

A Field Guide to the Trees of Britain and Northern Europe, Alan Mitchell. Collins, Londain, 1974.

Field Guide to the Trees and Shrubs of Britain, Readers' Digest Nature Lover's Library, Londain, 1981.

The Oxford Book of Trees, A.R. Clapham & E.B. Nicholson. Oxford University Press, 1975.

Trees in Britain, Europe and North America, Roger Phillips. Pan, Londain, 1978.

Trees and Bushes of Britain and Europe, Oleg Polunin. Oxford University Press, 1976.

Trees and Shrubs hardy in the British Isles, W.J.Bean. John Murray, Londain, 1970.

AN tSAILEACH LABHRAIS
DUILLSILTEACH, BEAG   *Salix pentandra*

Na duillí snasta, a n-uachtar dúghlas, a n-íochtar geal; fad na
nduillí 2-4 huaire níos mó ná a leithead, iad greamaitheach
cumhra agus iad óg, iad ag fás ar chraobhóga an-snasta.

Tor dlúth nó crann beag; nochtann na caitíní i ndiaidh na nduillí, iad
ar crochadh anuas díreach beagnach, dath buí ar na caitíní fireanna,
dath glas ar na caitíní baineanna ach éiríonn siad geal bruthach agus
síolta iontu; na caitíní fireanna agus baineanna ar chrainn ar leith.

Cois sruthán agus in áiteanna fliucha eile.

An tSaileach Bhriosc lch 14; an tSailchearnach lch 49; (Saileach na
dTrí Bhall lch 118).

Caitíní: Bealtaine-Meitheamh; na síolta ag forbairt: Meitheamh-Iúil.

Salix alba DUILLSILTEACH, AR MEÁNMHÉID

Fad na nduillí 5-10 n-uaire níos mó ná a leithead, na duillí **bán síodúil ar uachtar agus ar íochtar, agus iad ar chraobhacha a fhásann in airde.**

Crann meánmhéide, é barrscoite go minic; nochtann na caitíní agus na duillí in éineacht; na caitíní fireanna buí, na caitíní baineanna glas, ach éiríonn siad geal bruthach agus síolta iontu; na caitíní fireanna agus baineanna ar chrainn ar leith.

Cois sruthán agus in áiteanna fliucha eile.

An tSaileach Bhriosc lch 14; (Saileach na dTrí Bhall lch 118).

Caitíní: Aibreán-Bealtaine; na síolta ag forbairt: Meitheamh.

♂

Síneann na craobhacha fada silteacha buí go talamh amanna.

Crann mór; bíonn na caitíní fireann de ghnáth, ach bíonn bláthanna fireanna agus baineanna ar an gcaitín céanna amanna; fad na nduillí timpeall 10 n-uaire níos mó ná a leithead, iad glas ar uachtar, scothbhán ar íochtar.

Hibrid a tugadh isteach; cuirtear go fairsing é ar fud na hEorpa, cois uisce agus i ngairdíní go háirithe.

(An tSaileach Shilte Shíneach lch 118).

Caitíní: Aibreán-Bealtaine; ní fhásann toradh ar bith air.

12

Na péacáin óga an-suntasach, iad dúchorcra agus blás scothbhán orthu; fad na nduillí timpeall 2-4 huaire níos mó ná a leithead, na coisíní corcairdhearg.

Tor nó crann beag; nochtann na caitíní roimh na duilleoga; iad gan coisín beagnach, iad ina seasamh; na caitíní fireanna buí, na caitíní baineanna liathghlas ach éiríonn siad geal bruthach agus síolta iontu; na caitíní fireanna agus baineanna ar chrainn ar leith.

Crann dúchais i dtuaisceart na hEorpa; cuireadh go fairsing é in áiteanna fliucha ó dheas ar mhaithe lena chuid péacán corcra.

An tSailchearnach lch 49.

Caitíní: Feabhra-Márta; na síolta ag forbairt: Bealtaine-Meitheamh.

13

♂

♀

Briseann na tuigí go furasta, agus bíonn cnag le cloisteáil; fad na nduillí 4-9 n-uaire níos mó ná a leithead; dath glas orthu ar uachtar, iad níos báine ar íochtar.

Crann meánmhéide, é barrscoite go minic; nochtann na caitíní agus na duillí in éineacht; na caitíní ar crochadh anuas, na cinn fhireanna buí, na cinn bhaineanna glas ach éiríonn siad geal bruthach agus síolta iontu; na caitíní fireanna agus baineanna ar chrainn ar leith.

Cois sruthán agus in áiteanna fliucha eile.

An tSaileach Bhán lch 11; (Saileach na dTrí Bhall lch 118).

Caitíní: Aibreán-Bealtaine; na síolta ag forbairt: Meitheamh-Iúil.

Bláthanna geala bándearga singile; iad ina n-aonar nó ina bpéirí; nochtann siad roimh na duillí.

Crann beag tomach a dtagann torthaí glasa clúmhacha air, ach bíonn na torthaí féin ar nós leathair; na síolta, nó na heithní, laistigh de chlocha na dtorthaí, is iad sin na halmóinní.

Cuirtear an crann ar mhaithe leis na bláthanna i dtuaisceart na hEorpa; saothraítear é ar mhaithe leis na cnónna (i.e. na clocha) sa deisceart.

(An Crann Péitseoige lch 118).

Bláthanna: Feabhra-Aibreán; toradh: Bealtaine-Iúil.

Bláthanna bána aonaracha, a nochtann roimh na duillí ar na taobhchraobhacha gairide barrspíonacha; díol suntais iad agus an choirt scothdhubh mar chúlra acu.

Crann beag nó tor dlúth a chuireann meatháin aníos; na duillí glas neamhghlé ar uachtar, iad roinnt clúmhach ar íochtar, ar na féitheacha go háirithe; is í an airne an toradh - caora beaga dúghorma géara iad na hairní agus blás sonrach orthu.

Fásann sé ina mhuine dhlúth i bhfálta agus i gcoillte ar fud na hEorpa, seachas san fhíorthuaisceart.

An Crann Plumaí Silíneacha lch 24.

Bláthanna: Márta-Aibreán; toradh: Meán Fómhair-Deireadh Fómhair.

An pluma an toradh; torthaí milse súmhara, iad 2-7.5 cm ar fad; dath buí, rua nó corcra orthu; iad ar sileadh ina gcrobhaingí beaga nó ina n-aonar.

Crann beag nó tor a chuireann meatháin aníos; braislí 2 bhláth nó 3, a nochtann in éineacht leis na duillí; piotail bhána, is minic imir ghlas orthu, go háirithe agus iad ag sceitheadh; na duillí glas neamhghlé ar uachtar, iad mín beagnach ar íochtar.

Ar mhaithe lena thorthaí a shaothraítear é; is minic é tar éis sceitheadh as goirt agus ag fás fiáin i bhfálta sceach ar fud na hEorpa.

An Crann Plumaí Silíneacha lch 24; (an Fheá Rua lch 119).

Bláthanna: Márta-Bealtaine; toradh: Iúil-Deireadh Fómhair.

An piorra an toradh; torthaí beaga scothdhonna ar an gcrann fiáin; is minic gur as gairdín a sceith crann, áfach, ionas go mbíonn na torthaí níos mó agus níos buí orthu sin.

Crann meánmhéide, na craobhacha ag fás in airde; nochtann braislí ina mbíonn tuairim agus 5 bhláth bhána sula n-osclaíonn na duillí go hiomlán; bíonn an drualus ag fás ar na crainn sin a sceith uaireanta.

I bhfálta sceach agus in úlloird; bíonn cineálacha saothraithe i ngairdíní agus in úlloird, freisin.

An Crann Úll lch 23.

Bláthanna: Aibreán-Bealtaine; toradh: Iúil-Deireadh Fómhair.

Bláthanna bána cloigíneacha cumhra ina slabhraí fada silte.

Crann meánmhéide, an choirt liathdhonn ag scamhadh agus boladh bréan uaithi; silíní searbha dúghorma ina slabhraí silteacha iad na torthaí, gach silín díobh c. 8 mm ar fad.

I bhformhór na dtíortha san Eoraip, in ithreacha aolmhara go háirithe; cuirtear ar shráideanna agus i ngairdíní é.

(An Crann Silíní Dubha lch 118).

Bláthanna: Bealtaine; toradh: Iúil-Meán Fómhair.

Coisíní suntasacha rua ar dhuilleoga fada leathrúla dúghlasa.

Tor dlúth cruinneachánach nó crann beag; bláthanna beaga cumhra bánbhuí ina spící ilbhláthacha; caora scothdhonna an-bheag ina slabhraí fada iad na torthaí.

Crann dúchais in áiteanna i ndeisceart na hEorpa; cuirtear go forleathan é, i bhfálta go háirithe, níos faide ó thuaidh.

An Labhras Silíní lch 56; An Labhras lch 57.

Bláthanna: Meitheamh; toradh: Lúnasa-Deireadh Fómhair.

20

Capsúil bhándearga iad na torthaí agus bíonn 4 mhaothán orthu; ar oscailt dóibh nochtar na síolta ina gcumhdaigh fhlannbhuí.

Tor nó crann beag ilchraobhach; duillí urchomhaireacha lansacha; na bláthanna glasbhuí ina mbraislí beaga in ascaillí na nduillí.

I gcoillte, i bhfálta sceach agus i scrobarnach coille, in ithreacha aolmhara go háirithe, i gcuid mhór den Eoraip seachas sa tuaisceart agus sa deisceart.

An Feoras Seapánach lch 118

Bláthanna: Bealtaine-Meitheamh; toradh: Meán Fómhair-Deireadh Fómhair.

AN RAMHDHRAIGHEAN

DUILLSILTEACH, BEAG   *Rhamnus catharticus*

Caora cruinne corcardhubha iad na torthaí, iad singil nó ina gcrobhaingí beaga; síolta buí a bhíonn iontu.

Tor nó crann beag; duillí urchomhaireacha ar na craobhóga; dealga ar bharr na gcraobhóg; boladh cumhra ó na bláthanna beaga scothghlasa a bhíonn ina mbraislí beaga ag bun na bpéacán úr; na bláthanna baineanna agus fireanna ar chrainn ar leith.

I bhfálta agus i scrobarnach ar fud cuid mhaith den Eoraip seachas limistéar na Meánmhara.

An Draighean Fearna lch 50.

Bláthanna Bealtaine-Meitheamh; toradh Lúnasa-Meán Fómhair.

22

Úll beag deargbhuí searbh crua an toradh.

Crann beag; bláthanna bána pincluisneacha; 3-4 bhláth sa bhraisle; nochtann na bláthanna in éineacht leis na duillí ar na taobhchraobhóga gairide; fásann an drualus air amanna.

I bhfálta sceach, i scrobarnach agus i gcoillte ar fud cuid mhór den Eoraip; torthaí níos mó agus níos milse ar an gcineál saothraithe.

An Crann Piorraí lch 18

Bláthanna: Bealtaine; toradh: Meán Fómhar-Deireadh Fómhair.

Torthaí míne cruinne milse singile, dearg nó buí, iad 2-3.5 cm ar fad, ach ní i gcónaí a fhásann torthaí sna ceantair ó thuaidh.

Tor nó crann beag cruinncheannach; bláthanna bána, ina n-aonar nó ina mbraislí 2-3 bhláth, a nochtann in éineacht leis na duillí; an crann silíní is túisce faoi bhláth; cuirtear leagan corcairdhuilleach a mbíonn bláthanna pinc air go minic.

Cuirtear go forleathan ar shráideanna agus i ngairdíní é; saothraítear é ar mhaithe lena chuid torthaí freisin.

An Draighean lch 16, An Crann Plumaí lch 17.

Bláthanna: Márta; toradh: Iúil-Meán Fómhair.

Viburnum lantana   DUILLSILTEACH, BEAG

Bláthanna buíbhána feadánacha ina mbraislí móra leathana ar cheann na bpéacán.

Tor nó crann beag; na duillí pas cruinn, iad urchomhaireach roicneach, an dá dhromchla faoi fheilt cé nach maireann an fheilt ach ar íochtar; an toradh ina chrobhaing leathan den iliomad caor ubhchruthach, iad dearg ar dtús agus ag éirí dubh ar ball.

I bhfálta, i muineacha agus ar imeall coillte ar fud na hEorpa seachas san fhíorthuaisceart.

Ceann ar bith.

Bláthanna: Bealtaine-Meitheamh; toradh: ó Mheán Fómhair ar aghaidh.

É an-suntasach san earrach agus na bachlóga ag oscailt; cuireann an dath bán ar dhromchla íochtair na nduillí agus ar na bachlóga araon cuma scothbhán air.

Tor nó crann beag; bláthanna bána réaltchruthacha ina mbraislí beaga ingearacha in ascaillí na nduillí; caora beaga dearga iad na torthaí, iad dúghorm ar ball; torthaí singile iad go minic.

I gcoillearnach oscailte agus ar ardtailte aolchloiche i gcuid mhór den Eoraip. Cuirtear i bpáirceanna agus i ngairdíní é.

Cuirtear cineálacha eile *Amelanchier,* atá an-chosúil leis, ar fud na hEorpa freisin.

Bláthanna: Aibreán-Bealtaine; toradh: Iúil-Lúnasa.

Crobhaingí ina mbíonn 2-6 shilín bheaga, iad buí agus dearg-luisneach ar dtús, agus corcairdhearg ar ball mura n-itheann na héin iad ar dtús.

Crann meánmhéide a chuireann neart meathán aníos, an choirt donndearg; bláthanna bána ina ndlúthbhraislí, a nochtann díreach roimh na duillí.

I gcuid mhór den Eoraip seachas an fíorthuaisceart agus an fíordheisceart; cuirtear cineál ar a mbíonn bláthanna dúbailte i ngairdíní.

Na Silíní Seapánacha lgh 28, 123 (An Crann Silíní Searbha *(Prunus cerasus)* lch 118).

Bláthanna: Aibreán-Bealtaine; toradh: Meitheamh.

'Kanzan' an cineál atá á léiriú

> **Bláthanna móra, bándearga (iad bán nó pinc ar chineálacha áirithe), iad dúbailte nó leathdhúbailte, ina mbraislí; díreach roimh na duillí a osclaíonn na bláthanna de ghnáth.**

Grúpa mór crann meánmhéide agus craobhacha spréite nó cothrománacha orthu; dath cré-umhaí a bhíonn ar dhuillí óga cuid mhaith díobh; bíonn siad seasc de ghnáth.

Cineálacha a tugadh isteach agus a saothraíodh curtha go fairsing ar shráideanna agus i ngairdíní ar fud na hEorpa.

Iliomad cineálacha éagsúla, féach lch 123. An Crann Sílíní Fiáin lch 27.

Bláthanna: Aibreán-Bealtaine; toradh ar bith.

28

AN PHOIBLEOG LOMBARDACH

Populus nigra italica   DUILLSILTEACH, AR MEÁNMHÉID

Na géaga uile ag fás in airde, rud a chuireann cuma chaol ar an gcrann meánmhéide seo.

Crainn fhireanna ar fad, nach mór; caitíní fireanna scothdhearga neamhbhruthacha orthu; cruth triantánach ar na duillí go minic agus dath buíghlas ar na coisíní leacaithe.

Cuirtear mar fhálta fothana iad ar fud na hEorpa, ar thailte ísle, go háirithe.

(An Phoibleog Dhubh lch 118; An Phoibleog Iodálach lch 118).

Bláthanna: Márta-Aibreán; toradh ar bith.

Na caitíní baineanna liathghlas agus iad faoi bhláth; glébhuí a
bhíonn na caitíní fireanna; neart síolta, iad eiteach
neamhbhruthach, iad i gcaitíní torthúla donnghlasa.

Crann beag nó meánmhéide ar stoc amháin nó cúpla stoc; bandaí
donna cothrománacha ar an gcoirt liathbhán; na caitíní fireanna agus
baineanna ar an gcrann céanna; clúmh bog ar na craobhóga óga agus
ar na coisíní; na duillí muileatach go minic.

I dtuaisceart na hEorpa agus ar thalamh bocht aigéadach i gceantair
shléibhtiúla dheisceart na hEorpa.

An Bheith Gheal lch 42.

Caitíní: Aibreán-Bealtaine; na síolta ag forbairt: Iúil-Lúnasa.

Brachtanna sainiúla 'ar eitilt' ar uachtar na nduillí; braislí beaga bláthanna buíbhána a bhíonn orthu ar dtús, agus crobhaingí de chnóite beaga gan easnaí, agus blaoscanna tanaí orthu, ar ball.

Crann mór, is minic meallta garbha ar an gcoirt mhín mar aon le paistí craobhóg agus péacán gearr; na duillí 3-6 cm ar fad, iad croíchruthach agus rinn bhiorach orthu.

Í fiáin ar fud cuid mhaith den Eoraip seachas an fíorthuaisceart, cuirtear mar chrann sráide í freisin.

An Teile Mhórdhuilleach lch 32; An Teile Choiteann lch 33.

Bláthanna: Iúil; toradh: Lúnasa-Meán Fómhair.

AN TEILE MHÓRDHUILLEACH

DUILLSILTEACH, MÓR

Tilia platyphyllos

Brachtanna sainiúla 'ar eitilt' ar íochtar na nduillí; braislí beaga bláthanna buíbhána a bhíonn orthu ar dtús, crobhaingí de chnóite beaga ileasnacha adhmadacha ar ball.

Crann mór, coirt mhín liath air, is annamh meallta uirthi; na duillí 6-12 cm ar fad, iad croíchruthach agus rinn bhiorach orthu.

Crann dúchais í i lár agus i ndeisceart na hEorpa; cuirtear go forleathan í mar chrann sráide i gceantair thuaisceartacha.

An Teile Bheagdhuilleach lch 31, An Teile Choiteann lch 33.

Bláthanna: Meitheamh; toradh: Iúil-Meán Fómhair.

Brachtanna sainiúla 'ar eitilt' ar íochtar na nduillí; braislí beaga bláthanna buíbhána a bhíonn orthu ar dtús, agus crobhaingí de chnóite beaga adhmadacha ar bheagán easnaí ar ball.

Crann mór, an choirt clúdaithe le meallta - paistí móra craobhóg agus péacán; na duillí 6-10 cm ar fad, iad croíchruthach agus rinn bhiorach orthu; is minic iad foirgthe le haifidí a shileann a gcuid drúchtín meala go talamh.

Fásann sí fiáin mar hibrid de chuid an dá theile eile; cuirtear mar chrann sráide í uaireanta.

An Teile Bheagdhuilleach lch 31; An Teile Mhórdhuilleach lch 32.

Bláthanna: Iúil; toradh: Lúnasa-Meán Fómhair.

AN CRANN MAOILDEIRGE DUBH

DUILLSILTEACH, BEAG

Morus nigra

Moll sorcóireach ilchaor dlúth an toradh, é 2-2.5 cm ar fad; glas a bhíonn sé ar dtús; tagann dath glédhearg air agus é ag aibiú; bíonn na torthaí an-ghéar go mbíonn siad aibí.

Crann íseal cruinneachánach; duillí móra garbha, iad liopach beagnach ar uairibh; lacht bainniúil sna péacáin óga; dath bánghlas ar na bláthanna fireanna agus baineanna araon, iad ina spící an-bheag ar leith, iad araon ar an gcrann céanna.

Saothraítear í ar mhaithe leis na torthaí ar fud cuid mhaith den Eoraip; í tar éis sceitheadh agus ag fás fiáin in áiteanna.

(An Crann Maoildeirge Bán lch 119)

Bláthanna: Bealtaine; toradh: Iúil-Meán Fómhair.

San fhómhar a nochtann na bláthanna bána cloigíneacha ina mbraislí silteacha, in éineacht le caora na bliana roimhe agus iad fós ag aibiú.

Crann barrleathan beag nó meánmhéide; coirt dhonn shnáithíneach; duillí dúghlasa leathrúla; caora cruinne faithneacha, iad buí ar dtús; tagann dath buídhearg orthu agus iad ag aibiú.

I muineacha agus ar imeall coillearnaí, ar léitreacha i ndeisceart agus in iarthar na hEorpa go speisialta.

(An Chaithne Ghréagach lch 119).

Bláthanna agus toradh: Deireadh Fómhair-mí na Nollag.

AN CRANN CREATHACH

DUILLSILTEACH, AR MEÁNMHÉID

Populus tremula

Na caitíní fireanna bruthach donn, pailin bhuí iontu; na caitíní baineanna corcra ar dtús, iad geal bruthach ar ball agus síolta iontu; an dá chineál caitíní ar chrainn ar leith.

Crann meánmhéide a chuireann neart meathán aníos; ó shíorchreathadh na nduillí a ainmnítear an crann - na coisíní fíorleacaithe scothbhána faoi deara an creathadh sin.

Déanann sé mothair dhlútha in ithreacha boga taise, i gceantair shléibhtiúla agus thuaisceartacha go háirithe.

An Phoibleog Liath lch 40: (An Phoibleog Dhubh lch 118).

Caitíní: Feabhra-Márta; na síolta ag forbairt: Bealtaine.

Duilleoga sainiúla ar chuma neantóg agus rinn fhada leataobhach orthu; fásann bláthanna aonaracha beaga buí ar ghasáin fhada in ascaillí na nduillí i ndeireadh an earraigh.

Crann meánmhéide ceannchruinn; caora aonaracha beaga donna iad na torthaí a fhásann ar ghasáin fhada in ascaillí na nduillí.

Crann dúchais i ndeisceart na hEorpa áit a gcuirtear mar chrann sráide go minic é.

Ceann ar bith.

Bláthanna: Bealtaine; toradh: Meán Fómhair.

37

AN FIONNCHOLL

DUILLSILTEACH, AR MEÁNMHÉID

Sorbus ari

> **Na péacáin óga, na duillí agus gasáin na mbláthanna cumhdaithe le clúmh tiubh bán; fanann an clúmh bán ar íochtar na nduillí ar feadh an tsamhraidh.**

Crann meánmhéide nó tor mór; na bláthanna bána ina mbraislí móra leathana; caora glédhearga ina gcrobhaingí comhchosúla iad na torthaí; cruthanna an-éagsúil ar na duillí, cuid díobh liopach beagnach, nó mantanna doimhne iontu.

Fásann sé ar fud na hEorpa, i dtalamh cailce go háirithe; cuirtear go minic é mar chrann sráide.

An Fionncholl Lochlannach lch 78; An Crann Soirb Fiáin lch 79; An Fionncholl Gaelach.

Bláthanna: Bealtaine-Meitheamh; toradh: Meán Fómhair-Deireadh Fómhair.

Nuair a sceitheann na cupaí glasa spíonacha bíonn roinnt cnónna snasta donnrua le feiceáil.

Crann mór agus a ghéaga móra spréite; duillí móra, iad suas le 25 cm ar fad; na bláthanna i gcaitíní déghnéasacha, cúpla bláth glas baineann ag an mbun agus bláthanna buí fireanna feadh an chuid is mó den chaitín.

Á shaothrú agus ag fás fiáin ar fud an chuid is mó den Eoraip.

Ceann ar bith.

Bláthanna: Iúil; toradh: Deireadh Fómhair.

Caitíní fireanna scothdhearga, fionnadh liath orthu agus pailin bhuí iontu; is annamh na caitíní baineanna ann; an dá chineál caitíní ar chrainn ar leith.

Crann mór leathan a chuireann neart meathán aníos; na duillí óga liath clúmhach, ní mhaireann an clúmh; mantanna doimhne i nduillí simplí samhraidh na meathán (ní duillí liopacha iad); na caitíní baineanna glas, nuair is ann dóibh; iad bán bruthach ar ball agus síolta iontu.

I gcoillearnach fhliuch ar fud cuid mhaith den Eoraip: ar na meatháin is mó a scaiptear é.

An Phoibleog Bhán lch 73; An Crann Creathach lch 36.

Caitíní: Feabhra-Márta; na síolta ag forbairt: Aibreán.

40

Dúdhonn gasánach a bhíonn na caitíní torthúla, amhail buaircíní beaga; fanann siad ar an gcrann go dtí an bhliain dár gcionn, tar éis do na síolta eiteacha imeacht.

Crann meánmhéide; na duillí beagnach cruinn; na caitíní fireanna ina mbraislí beaga, iad corcra sa gheimhreadh agus buí san earrach; na caitíní baineanna corcra, iad ag éirí glas agus toradh iontu agus donn adhmadach ansin.

Cois uisce agus in eanaigh ar fud na hEorpa go léir beagnach.

(An Fhearnóg Ghlas lch 119, An Fhearnóg Liath lch 119).

Caitíní: Feabhra-Aibreán; na caitíní torthúla ann ar feadh i bhfad.

DUILLSILTEACH, AR MEÁNMHÉID *Betula verrucosa*

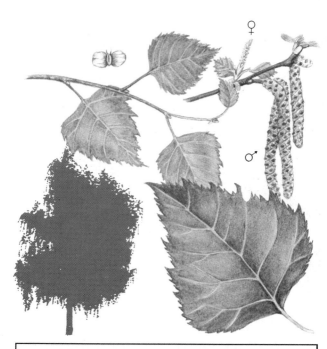

Coirt mhín gheal airgeadúil, í ag scamhadh; marcanna dubha muileatacha uirthi; na craobhacha is lú ar sileadh; dhá eite ar na síolta iomadúla.

Crann meánmhéide; na caitíní fireanna ina mbraislí scothdhonna sa gheimhreadh, iad buí san earrach agus pailin iontu; na caitíní baineanna liathghlas sa gheimhreadh agus dath glas scothdhonn orthu san earrach; na caitíní fireanna agus baineanna ar an gcrann céanna.

Ag fás in ithreacha aigéadacha ar fud na hEorpa.

An Bheith Chlúmhach lch 30.

Caitíní: Aibreán-Bealtaine; na síolta ag forbairt: Iúil-Lúnasa.

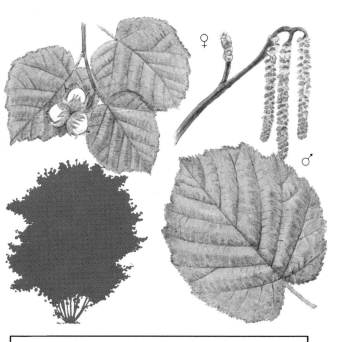

♀

♂

Na caitíní fireanna fada buí ina mbraislí silteacha; nochtann na bláthanna baineanna ina spící bídeacha dearga díreach agus a gcuid pailine sceite ag caitíní fireanna an phlanda.

Tor nó crann beag agus a chuid craobhacha ag fás in airde; na duillí beagnach cruinn; i gcupaí glasa sraoilleacha a fhásann na torthaí.

I bhfálta sceach, i gcoillearnach agus i ngairdíní ar fud na hEorpa.

(An Crann Faoisceoige lch 120).

Bláthanna: Eanáir-Aibreán; toradh: Meán Fómhair-Deireadh Fómhair.

AN LEAMHÁN SLÉIBHE

DUILLSILTEACH, MÓR   *Ulmus glabra*

Na duillí an-gharbh, iad 8-16 cm ar fad; starr bheag chluasach
ag bun leath amháin den duille a chlúdaíonn an coisín
fíorghearr.

Crann mór cruinneachánach nach gcuireann meatháin aníos; na
bláthanna dúchorcra ina mbraislí; na torthaí iomadúla cruinn
eiteach, agus síol ina lár.

I gcoillte agus i bhfálta sceach ar fud cuid mhór den Eoraip sular
mharaigh an galar Dúitseach Leamhán réimsí móra díobh.

An Leamhán Gallda lch 45; An Leamhán Mín; (An Leamhán
Dúitseach lch 119)

Bláthanna: Feabhra-Márta; toradh: Bealtaine-Iúil.

AN LEAMHÁN GALLDA

Ulmus procera　　　　　　　　　　DUILLSILTEACH, MÓR

Na duillí garbh, iad 4.5-9 cm ar fad; starr bheag chluasach ag
bun leath amháin den duille nach gclúdaíonn an coisín.

Crann mór agus coróin (i.e. na brainsí uachtaracha) chaol air;
cuireann an stoc neart meathán agus craobhóg aníos; iliomad braislí
bláthanna dúdhearga, ach ní i gcónaí a dhéantar torthaí nó bíonn
siad seasc go minic.

An-choitianta sna fálta sceach sular mharaigh an galar Dúitseach
Leamhán réimsí móra díobh.

An Leamhán Sléibhe lch 44; An Leamhán Mín lch 46; (An Leamhán
Dúitseach lch 119).

Bláthanna: Feabhra-Márta; torthaí: Bealtaine-Meitheamh (uaireanta).

AN LEAMHÁN MÍN
DUILLSILTEACH, MÓR

Ulmus carpinifolia

Na duillí mín, iad 2.5-11.5 cm ar fad; starr chluasach ag bun leath amháin den duille, uaireanta, nach gclúdaíonn an coisín.

Crann mór agus coróin chaol air; cuireann an stoc neart meathán agus craobhóg aníos; na bláthanna dearga ina mbraislí, ach is annamh a fhásann torthaí.

Crann dúchais i gcuid mhaith den Eoraip; chuirtí go minic mar chrann sráide é sular tháinig an galar Dúitseach Leamhán.

An Leamhán Sléibhe lch 44; An Leamhán Gallda lch 45; (An Leamhán Dúitseach lch 119).

Bláthanna: Feabhra-Márta; toradh: Aibreán-Bealtaine (uaireanta).

AN CRANN SLEAMHAIN

Carpinus betulus   DUILLSILTEACH, AR MEÁNMHÉID

Timpeall 8 bpéire cnónna beaga a bhíonn sa spíce torthaí, gach
cnó díobh ina shuí go seascair i mbracht tríliopach, iad glas ar
dtús ach donn ar ball, an t-iomlán ina thriopall scaoilte.

Crann meánmhéide ar a bhfásann na craobhóga go cothrománach i
bpátrún fiarláin; na caitíní fireanna suas le 5 cm ar fad, dath buí
scothghlas orthu, iad ar sileadh; na caitíní baineanna glasa tuairim
agus 2 cm ar fad, iad ar sileadh.

I bhfálta sceach, i gcoillte; é barrscoite amanna; cuirtear mar chrann
sráide é uaireanta; i gcuid mhór den Eoraip.

An Cornbhíoma Hopúil 48; An Fheá lch 51.

Bláthanna: Aibreán-Bealtaine; toradh: Iúil-Deireadh Fómhair.

♀   ♂

Timpeall 15 chnó bheaga ar an spíce torthaí, gach ceann díobh i mboilgín, iad glas ar dtús agus scothbhán ar ball; déanann an t-iomlán triopall dlúth.

Crann meánmhéide, cúpla stoc air amanna; na caitíní fireanna buí suas le 10 cm ar fad, iad ar sileadh; bíonn na caitíní baineanna beaga glasa i measc na nduillí agus iad ag péacadh.

I gcoillte agus ar leitreacha dea-dhraenáilte i ndeisceart na hEorpa; tugadh isteach é in áiteanna níos faide ó thuaidh.

An Crann Sleamhain lch 47.

Bláthanna: Aibreán; toradh: Meán Fómhair-Deireadh Fómhair.

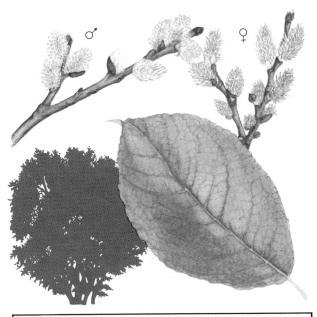

Na caitíní fireanna suntasacha neamhghasánacha ina seasamh ar na géaga loma; iad airgeadúil ar dtús, iad buí ar ball agus pailin iontu.

Tor nó crann beag; na caitíní baineanna ina seasamh, iad gan ghasán, iad glas ar dtús (nochtann siad roimh na duillí), bán bruthach ar ball agus síolta iontu; na caitíní fireanna agus baineanna ar chrainn ar leith.

I gcoillte, i bhfálta sceach agus i scrobarnach ar fud cuid mhaith d'Éirinn, den Bhreatain agus de mhór-roinn na hEorpa.

(An tSaileach Liath lch 118); An tSaileach Ghorm lch 13.

Caitíní: Márta-Aibreán; na síolta ag forbairt: Bealtaine.

AN DRAIGHEAN FEARNA
DUILLSILTEACH, BEAG

Frangula alnus

Fásann na caora cruinne, iad ina n-aonar nó ina bpéirí, ar ghasáin in ascaillí na nduillí; iad buí ar dtús, éiríonn siad dearg, agus dubh ar ball.

Tor nó crann beag; duillí ailtéarnacha ar na craobhóga neamhspíonacha; bláthanna beaga bánghlasa ina n-aonar nó ina bpéirí in ascaillí na nduillí.

Ar shliabh tais, in eanaigh agus i gcoillearnach oscailte thais ar fud cuid mhór den Eoraip seachas an fíorthuaisceart agus an fíordheisceart.

An Ramhdhraighean lch 22.

Bláthanna: Bealtaine-Meitheamh; toradh: Iúil-Samhain.

Fagus sylvatica

DUILLSILTEACH, MÓR

Capsúil dhonna spiacánacha a scoilteann ina gceithre chluaisín agus a nochtann cnónna donna trí-uilleacha – na cnónna feá.

Crann mór; na duillí óga suntasach; iad glasuaine ubhchruthach, rinn bhiorach orthu agus imeall tonnúil; na bláthanna fireanna bánbhuí, ina mbraislí; na bláthanna baineanna glasa ina bpéirí; nochtann an dá shaghas bláthanna ar an gcrann céanna, i dteannta na nduillí.

Tá doirí feánna coitianta in ithreacha dea-dhraenáilte ar fud na hEorpa agus in ithreacha cailce go háirithe.

An Crann Sleamhain lch 47; (An Fheá Rua lch 119).

Bláthanna: Bealtaine; toradh: Meán Fómhair-Deireadh Fómhair.

♂

An dearcán an toradh; duillí iomlána, imeall tonnúil orthu agus corrspíon orthu; iad dúghlas ar uachtar agus liath clúmhach ar íochtar.

Crann mór; coróin dhlúth shíorghlas air; na caitíní fireanna bánghlasa fada silteach, iad órbhuí le pailin ar ball; na bláthanna baineanna beag liathghlas clúmhach.

Crann dúchais i dtíortha na Meánmhara; cuirtear go fairsing é níos faide ó thuaidh san Eoraip.

An Chorcdhair lch 53; (An Dair Cheirmise lch 120).

Bláthanna: Meitheamh; aibiú na ndearcán: mí Dheireadh Fómhair.

An dearcán an toradh; duillí iomlána, imeall tonnúil spíonach orthu; iad dúghlas ar uachtar agus liath clúmhach ar íochtar.

Crann meánmhéide; an chóróin trom dlúth; coirt thiubh choirc air; baintear an corc ina stiallacha ar bhonn tráchtála agus nochtar an t-adhmad rua; na caitíní fireanna glasa ina mbraislí; na bláthanna baineanna beag, iad in ascaillí na nduillí úra.

Ar chnoic thirime thíortha na Meánmhara; cuirtear go fairsing í ar mhaithe leis an gcorc.

An Dair Thoilm lch 52; (An Dair Cheirmise lch 120).

Bláthanna: Aibreán-Bealtaine; aibiú na ndearcán: mí Dheireadh Fómhair.

An meispeal an toradh; é donn ubhchruthach amhail mogóir; bíonn sé crua ar dtús ach éiríonn sé bog inite ar ball.

Tor cam deilgneach agus é fiáin, crann neamhspíonach an leagan saothraithe; clúmh bán fineálta ar na craobhóga óga, ar na duillí agus ar ghasáin na mbláthanna; bláthanna móra aonaracha agus 5 pheiteal bhána orthu.

An tor fiáin i bhfálta sceach agus i gcoillte i gcuid mhór den Eoraip seachas an tuaisceart; an crann saothraithe i ngairdíní.

Ceann ar bith.

Bláthanna: Bealtaine-Meitheamh; toradh: Meán Fómhair-Samhain.

An chainche an toradh; í crua piorrach nó cruinn; bíonn sí buí cumhra agus í aibí.

Crann beag; na craobhóga óga agus íochtar na nduillí bán feilteach; bláthanna pince babhlacha aonair a fhásann in ascaillí na nduillí.

I bhfálta sceach, agus i roschoillte; cuirtear i ngairdíní é ar mhaithe lena thorthaí i gcuid mhór den Eoraip, ó dheas go háirithe.

(An Crann Cainche Seapánach lch 118).

Bláthanna: Bealtaine; toradh: Meán Fómhair-Deireadh Fómhair.

AN LABHRAS SILÍNÍ

SÍORGHLAS, BEAG

Prunus laurocerasus

Coisíní bánghlasa ar na duillí móra leathrúla síorghlasa; na bláthanna buíbhána ina seasamh ina spíce.

Tor leathan nó crann beag, é níos leithne ná a airde go minic; caora beaga dubha súmhara ina slabhra iad na torthaí; tá nimh i ngach uile chuid den phlanda.

Go forleathan i bpáirceanna agus i ngairdíní i gcuid mhór d'Éirinn, den Bhreatain agus den Mhór-Roinn; is minic é tar éis sceitheadh agus fiáin.

Labhras na Portaingéile lch 20; An Labhras lch 57; (An Ródaideandrón lch 119).

Bláthanna: Aibreán; toradh: Lúnasa-Meán Fómhair.

Coisíní dúdhearga ar na duillí síorghlasa leathrúla dúghlasa agus boladh aramatach uathu ach iad a bhrúscadh; úsáidtear go mór sa chócaireacht iad.

Tor dlúth nó crann beag; bláthanna beaga bánbhuí ina bpéirí in ascaillí na nduillí; caora glasa na torthaí, iad dubh ar ball.

Crann dúchais meánmhuirí; mar mhaisiú a chuirtear é go minic, ansiúd agus níos faide ó thuaidh; níl sé crua.

Labhras na Portaingéile lch 20; An Labhras Silíní lch 56.

Bláthanna: Márta-Aibreán; toradh: Lúnasa-Deireadh Fómhair.

Na bláthanna sainiúla cumhra ina gcoirceoga móra, iad bándearg, bán nó liathchorcra; cruth feadánach ar gach bláth ar leith.

Tor nó crann beag a chuireann neart meathán aníos; duillí urchomhaireacha buíghlasa móra cruinne, iad gan ribí; crobhaing de chapsúil dhonna an toradh.

I scrobarnach sna Balcáin; saothraítear go fairsing é i ngairdíní agus i bpáirceanna poiblí; é tar éis sceitheadh agus fiáin i bhfálta sceach in áiteanna.

Ceann ar bith.

Bláthanna: Bealtaine-Meitheamh; toradh: Meán Fómhair.

Magnolia x soulangeana atá á léiriú

Bláthanna móra aonaracha cupacha agus neart peiteal bán nó pinc orthu; ar rinn na bpéacán a fhásann na bláthanna.

Crann íseal leathan de ghnáth, cé go bhfuil speicis shíorghlasa mheánmhéide ann freisin; duillí móra, iad dúghlas ar uachtar, is minic iad clúmhach ar íochtar.

Grúpa mór crann a tugadh isteach agus a chuirtear mar mhaisiú.

(Timpeall 35 speiceas magnóilia, féach lch 123. An Crann Tiúilipí lch 120).

Bláthanna san earrach, sa samhradh nó san fhómhar, de réir speicis.

Duillí fíorbheaga snasta dúghlasa urchomhaireacha, iad go tiubh ar na géaga; coisíní ribeacha flannbhuí orthu.

Tor nó crann beag; bláthanna beaga glasbhuí, ina mbraislí in ascaillí na nduillí; capsúil bheaga chruinne scothliatha iad na tortha í.

Cineálacha saothraithe á gcur i bhfálta i gcuid mhór den Eoraip seachas an fíorthuaisceart; crann dúchais é ar leitreacha an deiscirt.

Ceann ar bith.

Bláthanna: Márta-Aibreán; toradh: Lúnasa-Meán Fómhair.

AN CUILEANN

Ilex aquifolium SÍORGHLAS, BEAG

> **Caora rua iad na torthaí, iad ina gcrobhaingí in ascaillí na nduillí i lár an gheimhridh.**

Tor nó crann beag; imeall deilgneach ar na duillí, iad snasta dúghlas ar uachtar, an glas níos éadroime ar íochtar; bláthanna bána cumhra ina mbraislí in ascaillí na nduillí.

I ndoirí feá nó darach i gcuid mhór den Eoraip; saothraítear é i gcriosanna foscaidh agus i bhfálta.

(Tá neart cineálacha saothraithe cuilinn ann, iad ar dhathanna éagsúla agus dealga éagsúla ar a gcuid duillí, féach lch 124.)

Bláthanna: Bealtaine-Meitheamh; toradh: Samhain-Nollaig.

AN CRANN LÍOMÓIDÍ

SÍORGHLAS, BEAG

Citrus medica limonum

An líomóid an toradh, í ubhchruthach fionnbhuí agus boladh sainiúil uaithi; bíonn blas géar ar an mbia.

Crann beag; duillí tanaí leathrúla agus mantanna neamhrialta iontu in amanna; eití cúnga ar na coisíní; dealga glasa géara ar na craobhóga; na bláthanna ina n-aonar, iad bán deargluisneach agus boladh cumhra uathu.

Á shaothrú ar fud réigiún na Meánmhara.

(An Crann Ciotrón lch 119).

Bláthanna san earrach; toradh i ndeireadh an fhómhair (sna limistéir dúchais).

Toradh cruinn flannbhuí, bíonn boladh sainiúil uaidh agus bíonn an bia milis.

Crann beag; duillí tanaí leathrúla, imeall tonnúil orthu, eití caola ar na coisíní; craobhóga neamhspíonacha; na bláthanna bána ina n-aonar, boladh cumhra uathu.

Saothraítear é ar mhaithe lena thorthaí ar fud réigiún na Meánmhara.

(Crann Oráistí Sevilla lch 119).

Bláthanna san earrach; toradh i ndeireadh an fhómhair agus sa gheimhreadh (sna limistéir dúchais).

63

Bláthanna bándearga, cosúil le bláthanna na pise, ina mbraislí; fásann siad ar na géaga móra agus ar chraobhóga níos lú roimh na duillí.

Crann beag; na duillí cruinn, beagnach, nó ar chruth duáin; na torthaí ar nós cochaill phise, iad craorag nó donn, ina gcrobhaingí.

Ceantair chreagacha thirime i réigiún na Meánmhara; tugadh isteach mar chrann gairdín agus páirce poiblí é níos faide ó thuaidh.

Ceann ar bith.

Bláthanna: Márta-Bealtaine; toradh: Iúil-Meán Fómhair.

Torthaí inite súmhara olacha; iad glas ar dtús; éiríonn siad dubh i gcaitheamh na bliana dár gcionn.

Crann beag casta; duillí urchomhaireacha; bláthanna bána cumhra, ina slabhraí, in ascaillí na nduillí.

I gcoillearnach oscailte agus i muineacha ar leitreacha creagacha Meánmhuirí; ar mhaithe lena chuid torthaí a shaothraítear é.

Ceann ar bith.

Bláthanna: Iúil-Lúnasa; toradh: Meán Fómhair-Deireadh Fómhair.

Crann Guma Gorm na Tasmáine *(Eucalyptus globulus)* atá a léiriú

Dhá chineál duillí ar an gcrann céanna; is minic na duillí óga gorm agus iad fáiscthe leis an gcoisín, nó glas agus coisíní gearra orthu; na duillí lánfhásta fada lansach silteach.

Crainn mheánmhéide nó crainn mhóra, iad grástúil go minic; bláthanna bána bruthacha ina mbraislí in ascaillí na nduillí; fásann bachlóga na mbláthanna ar an gcrann suas le bliain sula n-osclaíonn siad.

Iad coitianta i bpáirceanna poiblí agus i ngairdíní; saothraítear ar bhonn tráchtála iad ar mhaithe lena gcuid ola agus adhmaid.

Grúpa mór crann, ón Astráil ó dhúchas; fástar timpeall 12 chineál éagsúla díobh go coitianta san Eoraip, féach lch 124.

I dtreo dheireadh an tsamhraidh a osclaíonn na bláthanna.

Na duillí fíorbheag, agus cuma crotal orthu; iad mar a bheidís ina dtruaillí ar na craobhóga, rud a chuireann cuma thriopallach ar an bplanda.

Tor nó crann beag, na géaga caol grástúil; bláthanna bána nó bándearga ina ndlúthbhraislí iomadúla feadh na ngéag.

I ndeas don fharraige i ndeisceart na hEorpa go minic; cuireadh é, agus sceith sé fiáin freisin, níos faide ó thuaidh.

Ceann ar bith.

Bláthanna: Aibreán-Meán Fómhair; toradh: Iúil-Deireadh Fómhair.

AN PLÁNA OIRTHEARACH
DUILLSILTEACH, MÓR   *Platanus orientalis*

2-7 gcloigeann chruinne bhuí ar na caitíní fireanna; 2-6 chloigeann chruinne leacaithe ar na caitíní baineanna, iad dúdhearg agus iad faoi lánbhláth.

Crann mór; duillí cúigliopacha air, an liopa láir cuid mhaith níos faide ná na cinn eile; cloigne glasdonna ar na caitíní agus iad i mbláth a dtoraidh, spíonta fineálta crúcacha ar na síolta.

Cuirtear go fairsing é i bpáirceanna poiblí agus i ngairdíní, i ndeisceart na hEorpa, go háirithe.

Plána Londan lch 69.

Bláthú na gcaitíní: Aibreán-Meitheamh; toradh: Meán Fómhair-Deircadh Fómhair.

2-6 chloigeann chruinne bhuí ar na caitíní fireanna; 2-5 chloigeann chruinne chorcairdhearga ar na caitíní baineanna.

Crann mór; duillí cúigliopacha air, ní bhíonn an liopa láir níos faide ná na cinn eile; cloigne donna ar na caitíní agus iad i mbláth a dtoraidh, ribí bána ar na síolta iomadúla.

Crann atá an-fhrithsheasmhach i gcoinne an truaillithe; cuirtear go forleathan é mar chrann sráide i gcathracha.

An Plána Oirthearach lch 68.

Bláthú na gcaitíní: Márta-Bealtaine; toradh: Meán Fómhair-Deireadh Fómhair.

AN DAIR GHALLDA
DUILLSILTEACH, MÓR

Quercus robur

♂

An dearcán an toradh; cupa an dearcáin sách mín; na dearcáin ag fás ar choisíní idir 2-8 cm ar fad, agus cuma píopaí beaga tobac orthu.

Crann mór leathan; 3-6 phéire liopaí imeallthonnúla ar na duillí agus starrtha beaga cluasacha ag an mbun; na caitíní fireanna buí, ina mbraislí caola; na bláthanna baineanna scothdhonna bídeacha ar fhoirceann na bpéacán úr.

I gcoillearnacha, i bhfálta sceach, in ithreacha troma aolmhara go háirithe; ar fud an-chuid den Eoraip.

An Dair Ghaelach lch 71, An tSearbhdhair lch 72.

Bláthanna: Aibreán-Bealtaine; aibiú na ndearcán: Meán Fómhair-Deireadh Fómhair.

AN DAIR GHAELACH

Quercus sessiliflora   DUILLSILTEACH, MÓR

An dearcán an toradh; cupa an dearcáin sách mín; na
dearcáin ag fás ar choisíní an-ghearr, nó bíonn an coisín in
easnamh.

Crann mór cruinneachánach; 4-6 phéire liopaí imeallthonnúla ar
gach duille; ní bhíonn starrtha beaga cluasacha ag an mbun; na
caitíní fireanna glasbhuí, ina mbraislí caola; na bláthanna baineanna
bána an-bhídeach, in ascaillí na nduillí.

I gcoillearnacha, i bhfálta sceach, in ithreacha gainmheacha
aigéadacha go háirithe; ar fud an-chuid den Eoraip.

An Dair Ghallda lch 70; An tSearbhdhair lch 72.

Bláthanna: Aibreán-Bealtaine; aibiú na ndearcán: Meán Fómhair-
Deireadh Fómhair.

AN tSEARBHDHAIR

DUILLSILTEACH, MÓR

Quercus cerris

An dearcán an toradh; bíonn cupaí na ndearcán gan choisín, ach bíonn siad clúdaithe le crotail fhada chaola a bhíonn ag síneadh amach agus casta anuas.

Crann mór cruinneachánach; na duillí éagsúil; 7-8 bpéire liopaí maola ar na duillí, ach gan starrtha cluasacha ag an mbun; na caitíní fireanna rua, ina mbraislí dlútha, iad donn ar ball; na bláthanna baineanna buí an-bheag, in ascaillí na nduillí.

Cuirtear ar thaobh an bhóthair agus i bpáirceanna poiblí í i gcuid mhór den Eoraip; crann dúchais í i gcoillte dheisceart na hEorpa.

An Dair Ghallda lch 70, An Dair Ghaelach lch 71.

Bláthanna: Aibreán-Meitheamh; aibiú na ndearcán: Meán Fómhair.

72

Na caitíní fireanna corcairdhearg agus liath, iad bruthach; na
caitíní baineanna glas ar dtús, iad bruthach ar ball agus na
síolta iontu.

Crann mór leathan a chuireann neart meathán aníos; clúmh
gealbhán go tiubh ar na péacáin óga agus ar íochtar na nduillí; duillí
samhraidh na meathán liopach i gcónaí; cruthanna éagsúla ar na
duillí eile, iad sórt cruinn.

I gcoillearnach riascach agus cois cósta; ar na meatháin a scaiptear é go
minic; cuirtear i ngairdíní agus ar thaobh sráide é i gcuid mhór den Eoraip.

An Phoibleog Liath lch 40.

Caitíní: Márta-Aibreán; na síolta ag forbairt: Meitheamh.

73

AN MHAILP LOCHLANNACH
DUILLSILTEACH, MÓR   *Acer platanoides*

Na torthaí sainiúla ina bpéirí eiteacha agus na heití ag
cuaradh siar óna chéile.

Crann mór leathan; 30-40 bláth glasbhuí ina mbraislí móra leathana
ina seasamh in airde; duillí móra agus 5-7 liopa orthu, bior ar gach
liopa agus iad fiaclach; úsc bainniúil sna coisíní rua.

I gcoillte, i bhfálta sceach i gcuid mhór den Eoraip, ar na hardtailte
amháin sa deisceart; crann sráide í corráit.

An Seiceamar lch 75; (An Mhailp Sheapánach lch 120).

Bláthanna: Márta-Aibreán; toradh: Meán Fómhair-Deireadh Fómhair.

AN SEICEAMAR

Acer pseudoplatanus   DUILLSILTEACH, MÓR

Na torthaí sainiúla ina bpéirí eiteacha agus na heití cuartha i dtreo a chéile.

Crann mór leathan; 60-100 bláth buíghlas sna braislí tanaí silteacha; 5 liopa bhioracha fhiaclacha ar na duillí, gan aon úsc bainniúil sna coisíní rua.

I gcoillte, i bhfálta sceach ar fud cuid mhór den Eoraip; tugadh isteach é agus tá sé ag fás fiáin go forleathan anois; é coitianta ar shráideanna.

An Mhailp Lochlannach lch 74; (An Mhailp Sheapánach lch 120).

Bláthanna: Aibreán-Meitheamh; toradh: Meán Fómhair-Deireadh Fómhair.

Na torthaí sainiúla ina bpéirí eiteacha agus na heití ag leathnú amach go cothrománach; is minic imir rua orthu.

Tor nó crann beag; 10-20 bláth bánghlas ina mbraislí beaga ina seasamh in airde; 3-5 liopa mhaola ar na duillí beaga; úsc bainniúil sna coisíní rua.

I bhfálta sceach, i gcoillte agus i scrobarnach; talamh aolmhar is fearr leo agus i dtuaisceart na hEorpa is coitianta iad.

(Mailp Montpellier lch 120).

Bláthanna: Aibreán-Bealtaine; toradh: Meán Fómhair-Deireadh Fómhair.

Caora aon-chlochacha craoraga ina gcrobhaingí móra cruinne iad na torthaí. Tagann siad chun cinn as braislí cosúla de bhláthanna cumhra bána a mbíonn imir dhearg orthu.

Tor mór tiubh deilgneach nó crann beag; 3-7 liopa bharrchruinne ar na duillí agus mantanna doimhne eatarthu, iad glas neamhribeach ar an dá dhromchla tríd is tríd.

An-choitianta i gcoillte, i bhfálta sceach agus i scrobarnach ar fud na hEorpa.

(An Sceach Choille lch 120).

Bláthanna: Márta-Meitheamh; toradh: Lúnasa-Samhain.

AN FIONNCHOLL LOCHLANNACH

DUILLSILTEACH, BEAG   *Sorbus intermedia*

Crobhaingí móra de chaora ubhchruthacha donnrua iad na torthaí. Tagann siad chun cinn ó bhraislí cosúla de bhláthanna bána a mbíonn a ngasáin clúdaithe le clúmh bán.

Tor nó crann beag; na duillí níos leithne ná a bhfad agus 6-8 bpéirí liopaí bheaga orthu, clúmh bán ar a n-íochtar, go háirithe agus iad óg.

Speiceas de chuid thuaisceart na hEorpa; is minic a chuirtear mar chrann sráide é sna réimsí ó dheas.

An Fionncholl lch 38; An Fionncholl Gaelach; An Crann Soirb Fiáin lch 79

Bláthanna: Bealtaine; toradh: Meán Fómhair.

Crobhaingí de chaora donna iad na torthaí. Tagann siad chun cinn ó chrobhaingí cosúla de bhláthanna bána ar ghasáin chlúmhacha.

Crann meánmhéide leathan; na duillí níos leithne ná a bhfad, 3-4 phéire liopaí fiaclacha triantánacha orthu, iad glas ar an dá thaobh agus roinnt clúmhach ar íochtar.

I gcoillearnacha, agus scaipthe ar fud cuid mhór den Eoraip.

(Crann Soirb Fontainbleau lch 120); An Mhailp Lochlannach lch 74; An Seiceamar lch 75.

Bláthanna: Bealtaine-Meitheamh; toradh: Meán Fómhair.

79

Figí na torthaí, iad mór súmhar piorrachruthach glas aonarach.

Tor nó crann beag, é treoraithe le balla go minic; sú bainniúil sna craobhóga; duillí dúghlasa leathrúla nó garbha, 3-7 liopa chruinne orthu agus mantanna móra eatarthu; na bláthanna fireanna agus baineanna istigh i gcochaill cumhdaigh ar leith.

Saothraítear é ar mhaithe lena thorthaí ar fud dheisceart na hEorpa; fásann sé níos faide ó thuaidh freisin.

Ceann ar bith.

Bláthanna: Meitheamh-Meán Fómhair; toradh: Iúil-Deireadh Fómhair.

Crobhaingí móra silteacha de thorthaí eiteacha, iad donn de ghnáth nó scothdhearg ar uairibh, agus síol i lár na heite caime.

Crann meánmhéide; na duillí suas le méadar ar fad agus 13-41 dhuillín iontu, coisín rua ar gach ceann díobh agus 2-4 fhiacail i ngar do bhonn gach duillín; boladh bréan ó na braislí móra bláthanna scothghlasa ar fhoircinn na bpéacán.

Fástar mar chrann sráide é agus i bpáirceanna poiblí ar fud na hEorpa.

Ceann ar bith.

Bláthanna: Iúil-Lúnasa; toradh: Lúnasa-Meán Fómhair.

AN FHUINSEOG
DUILLSILTEACH, AR MEÁNMHÉID

Fraxinus excelsior

Crobhaingí móra silteacha de thorthaí eiteacha, iad glas ar dtús agus donn ar ball, gach ceann díobh 2-5.5 cm ar fad agus síol i mbun na heite.

Crann meánmhéide; na duillí urchomhaireach, iad suas le 30 cm ar fad agus 7-13 dhuillín iontu; nochtann na braislí corcra bláthanna gan pheiteal roimh na duillí a thagann amach go luath sa samhradh.

I gcoillte, i dtalamh aolmhar go háirithe, ar fud na hEorpa.

An Fhuinseog Mhanna lch 83; (An Fhuinseog Chaol lch 120).

Bláthanna: Aibreán-Bealtaine; toradh: Deireadh Fómhair-Samhain.

AN FHUINSEOG MHANNA

Fraxinus ornus DUILLSILTEACH, BEAG

Braislí móra silteacha de thorthaí eiteacha, iad glas ar dtús agus donn ar ball, gach toradh 1.5-2.5 cm ar fad agus síol i mbun na heite.

Crann beag; na duillí urchomhaireach, iad suas le 30 cm ar fad agus 5-9 nduillín iontu; peitil chumhra bhánbhuí ar na bláthanna a nochtann ina mbraislí pirimidiúla comhuaineach leis na duillí.

Crann dúchais i gcoillte agus i muineacha Meánmhuirí; cuireadh i bpáirceanna poiblí agus i ngairdíní ó thuaidh é freisin.

An Fhuinseog lch 82; (An Fhuinseog Chaol lch 120).

Bláthanna: Aibreán-Bealtaine; toradh: Iúil-Meán Fómhair.

AN CRANN GALLCHNÓ

DUILLSILTEACH, MÓR

Juglans regia

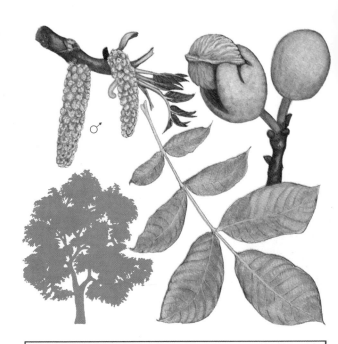

Torthaí cruinne míne glasa a chumhdaíonn na clocha rocacha; cnónna inite iad na síolta.

Crann mór fairsing; na duillí suas le 45 cm ar fad, agus 3-9 (7 de ghnáth) nduillín iontu; na duillíní boinn níos lú ná na duillíní cinn; na caitíní fireanna buí silteach; na bláthanna baineanna beag glas; iad araon ar phéacáin óga.

Cuireadh é agus tá sé ag fás fiáin freisin anois ar fud cuid mhór den Eoraip.

Ceann ar bith.

Bláthanna: Bealtaine-Meitheamh; toradh: Meán Fómhair-Deireadh Fómhair.

84

Aesculus hippocastanum   DUILLSILTEACH, MÓR

Torthaí cruinne glasa maotha deilgneacha a chumhdaíonn 1-3 shíol shnasta dhonnrua - an cnó capaill.

Crann mór fairsing; 5-7 nduillín sna duillí a mbíonn coisíní fada orthu; as aon phointe amháin a fhásann na duillíní uile; bláthanna bána nó bándearga ina mbraislí móra feiceálacha pirimidiúla.

Á chur le fada agus é ag fás fiáin anois i mbailte agus i gcathracha ar fud cuid mhór den Eoraip; crann comónta sráide.

(An Crann Cnó Capaill Rua lch 120.)

Bláthanna: Aibreán-Bealtaine; toradh: Meán Fómhair.

AN CRANN SOIRB
DUILLSILTEACH, AR MEÁNMHÉID

Sorbus domestica

Crobhaingí beaga de chaora donna piorrachruthacha a mbíonn bia greanach iontu iad na torthaí.

Crann meánmhéide a mbíonn coróin chruinneachánach air; na duillí suas le 22 cm ar fad, 13-21 dhuillín fhiaclacha iontu; braislí móra bláthanna, 5 pheiteal bhánbhuí ar leith ar gach bláth agus gasán clúmhach air.

Cuirtear mar chrann maisiúil é ar fud cuid mhór den Eoraip; é sceite amach fiáin freisin; é á shaothrú ar mhaithe lena thorthaí.

An Crann Caorthainn lch 87.

Bláthanna: Bealtaine; toradh: Iúil-Lúnasa.

AN CRANN CAORTHAINN

Sorbus acuparia   DUILLSILTEACH, BEAG

Crobhaingí móra caor, iad buí ar dtús, flannbhuí ar ball; is nuair a éiríonn siad craorag go gairid ina dhiaidh sin a thosaíonn na héin á n-alpadh.

Crann meánmhéide nó beag; 9-19 nduillíní fhiaclacha sna duillí, iad suas le 25 cm ar fad; braislí móra bláthanna a mbíonn cúig pheiteal bhánbhuí ar leith orthu agus gasáin chlúmhacha.

I bhfálta sceach agus ar leitreacha ar fud cuid mhór den Eoraip; cuirtear mar chrann sráide é go minic.

An Crann Soirb lch 86.

Bláthanna: Bealtaine; toradh (buí): Iúil, (craorag): Meán Fómhair.

Caora súmhara dubha cruinne ina mbraislí troma barr-réidhe an toradh.

Tor nó crann beag a mbíonn craobhacha stuacha air go minic; na duillí urchomhaireach agus 3-9 nduillíní fhiaclacha iontu; bláthanna bána cumhra feadánacha ina mbraislí móra barr-réidhe, gan aon chlúmh ar na gasáin.

I gcoillearnach thais, ar thalamh tréigthe agus i bhfálta sceach ar fud cuid mhór den Eoraip.

Ceann ar bith.

Bláthanna: Meitheamh-Iúil; toradh: Lúnasa-Samhain.

Cytisus laburnum DUILLSILTEACH, BEAG

Bláthanna gealbhuí cosúil le bláthanna na pise ina slabhraí fada scaoilte silteacha.

Crann beag; 3 dhuillín sna duillí; na torthaí ar nós faighneog pise, iad glas ribeach agus iad óg, iad donn tirim agus iad aibí; suas le 10 síol dubh i ngach faighneog; tá nimh i ngach cuid den phlanda.

I gcoillte agus i scrobarnach i ndeisceart na hEorpa; cuirtear go fairsing ar shráideanna agus i ngairdíní ar fud na hEorpa é.

(An Beallaí Albanach lch 120.)

Bláthanna: Bealtaine-Meitheamh; toradh: Iúil-Lúnasa.

89

Bláthanna bána cumhra, amhail bláthanna na pise, ina mbraislí silteacha.

Crann meánmhéide; is minic a chuireann sé meatháin aníos; na duillí suas le 20 cm ar fad, 13-15 dhuillín scothbhuí iontu, agus spíon go minic ag an mbun; na torthaí amhail braislí d'fhaighneoga donna pise.

I bhfálta sceach, i bpáirceanna poiblí agus i ngairdíní, go háirithe in ithreacha gainmheacha iarthar agus dheisceart na hEorpa.

Ceann ar bith.

Bláthanna: Meitheamh; toradh: Deireadh Fómhair.

Bláthanna sféaracha cumhra gealbhuí ina slabhraí fada silteacha.

Crann meánmhéide; na duillí suas le 12 cm ar fad agus 13-25 phéire duillíní cleiteacha iontu, iad airgeadúil nó glasbhuí; na torthaí amhail faighneog pise leacaithe.

Tugadh isteach agus cuireadh go fairsing é ar fud dheisceart na hEorpa mar mhaisiú, agus chun ithreacha gainmheacha agus dumhcha a chobhsú.

Ceann ar bith.

Bláthanna: Eanáir-Feabhra; toradh: Bealtaine.

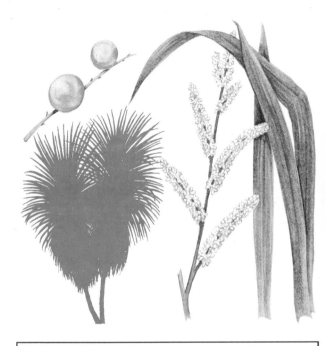

Duillí lansacha, iad suas le 90 cm ar fad, iad dúghlas snáithíneach agus bior géar orthu.

Crann ar nós na pailme a mbíonn cúpla stoc air agus a chuireann aníos meatháin, agus coróin dhlúth duillí ar gach meathán díobh; bláthanna cumhra bánbhuí ina spící móra a bhíonn breis is méadar ar airde; caora bánghorma na torthaí.

Ar shráideanna, i bpáirceanna poiblí agus i ngairdíní i gceantair chósta dheisceart agus iarthar na hEorpa.

Ceann ar bith.

Bláthanna san earrach (sna limistéir dhúchais).

AN PHAILM CHÚSAN

Trachycarpus fortunei SÍORGHLAS, BEAG

Na duillí suas le méadar ar trastomhas, iad feanchruthach agus roinnte ina 50-60 liopa righin biorach; na coisíní clúdaithe le snáithíní fada donna.

Crann meánmhéide nó beag; coróin duillí ag fás as barr an stoic, cuid den stoc clúdaithe le duillí feoite; na bláthanna buí cumhra ag fás ina spící móra; na torthaí amhail caora corcra.

An crann pailme is crua agus is minice a chuirtear; sna réigiúin ó dheas amháin a thagann bláthanna air.

An Mhionphailm Fean lch 94

Bláthanna agus torthaí: go seasta in aeráid thrópaiceach.

93

AN MHIONPHAILM FEAN

SÍORGHLAS, BEAG   *Chamaerops humilis*

Na duillí suas le méadar ar trastomhas, iad feanchruthach, agus roinnte ina 12-20 duillín righin lansach; spíonta géara ar na coisíní.

Pailm fhíorbheag, stoc gearr uirthi agus neart meathán aisti; fanann ina mothar dlúth; na bláthanna buí, iad go minic i bhfolach, ina mbraislí móra tiubha; caora donna do-ite na torthaí.

An t-aon phailm amháin a bhaineann leis an Eoraip ó dhúchas; fásann sí ar chóstaí gainmheacha in iarthar an réigiúin Mheánmhuirí.

An Phailm Chúsan lch 93.

Bláthanna agus torthaí: go seasta in aeráid thrópaiceach.

Na duillí 5-6 mhéadar ar fad, comhdhuillí iad a mbíonn 100-200 péire duillíní spíonacha iontu; suas le 200 duille sa mholl tiubh ar bharr an 'stoic' ramhair.

Crann meánmhéide; na bláthanna ina mbraislí móra in ascaillí na nduillí; forbraíonn siad ina gcrobhaingí móra de thorthaí míne donna a mbíonn bia tirim leamh iontu.

Cuirtear go minic mar chrann sráide í agus i ngairdíní i ndeisceart na hEorpa.

Ceann ar bith.

Bláthanna agus torthaí: seasta in aeráid thrópaiceach.

AN CRANN IÚIR

SÍORGHLAS, AR MEÁNMHÉID

Taxus baccata

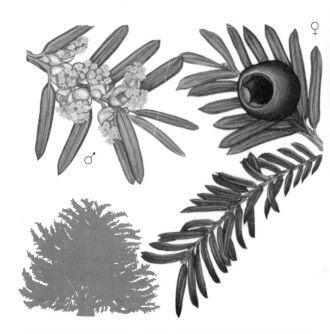

Caora méithe ubhchruthacha craoraga an toradh, iad tuairim agus 1 cm ar fad agus síol amháin laistigh.

Crann meánmhéide é agus stoc ollmhór air sa deireadh; na duillí 1-3 cm ar fad, iad dúghlas ar uachtar, glas níos éadroime ar íochtar agus coisín gearr orthu, iad socraithe ina dhá sraith; na bláthanna fireanna i mbuaircíní; nimh sna síolta agus sna duillí.

I gcoillte agus i scrobarnach in ithreacha aolmhara in an-chuid den Eoraip; cuirtear go minic é mar fhál, agus i reiligí.

Is iomaí cineál saothraithe atá ann, agus iad éagsúil ó thaobh cruth an chrainn agus dhath na nduillí de, den chuid is mó, féach lch 125.

Buaircíní faoi bhláth: Márta-Aibreán; toradh: Lúnasa-Meán Fómhair.

96

Duillí boga, iad 2-2.5 cm ar fad, iad dúghlas ar uachtar agus 2
bhanda gheala ar a n-íochtar; iad leata amach ina dhá sraith
choimpléascacha ar dhá thaobh de na géaga.

Crann an-ard cónach; coilm duillí sórt suntasach; na buaircíní
baineanna silteach, iad glas ar dtús, donn agus iad aibí, iad 5-10 cm
ar fad agus brachtanna suntasacha spíceacha donna orthu; na
buaircíní iomlán ar thitim dóibh.

Tugadh isteach í agus cuireadh ar mhaithe lena hadhmad í i gcuid
mhór den Eoraip.

An Ghiúis Gheal lch 98; An Ghiúis Mhaorga lch 99; (An Himlic
Iartharach lch 121).

Buaircíní faoi bhláth: Márta-Aibreán.

AN GHIÚIS GHEAL

SÍORGHLAS, MÓR

Abies alba

Na duillí 1-2 cm ar fad, iad glas snasta ar uachtar, airgeadúil ar íochtar, iad rangaithe ina 4 sraith feadh na ngéag ach breathnú anuas orthu.

Crann ard pirimidiúil; coilm chothroma chruinne ar na craobhóga tar éis do na duillí titim díobh; na buaircíní baineanna ina seasamh ina mbraislí i ngar do bharr an chrainn, iad glas ar dtús, donn c. 10-14 cm ar fad agus iad aibí; briseann siad & sceitear na síolta agus iad fós ar an gcrann.

Sna foraoisí sléibhe i lár agus i ndeisceart na hEorpa; cuirtear ar mhaithe lena hadhmad í i gcuid mhór den Eoraip.

An Ghiúis Mhaorga lch 99; (An Ghiúis Spáinneach lch 121); Giúis Dhúghlais lch 97.

Buaircíní faoi bhláth: Aibreán.

Duillí leathrúla an-chuar 1.5-3.5 cm ar fad, iad gormghlas ar an dá thaobh; cuarann siad aníos timpeall ar na craobhacha ina 4 sraith.

Crann an-ard cónach; coilm chruinne réidhe ar na craobhóga nuair a thiteann na duillí díobh; na buaircíní baineanna ina seasamh, iad scothbhuí ar dtús, corcairdhonn agus brachtanna glasa orthu ar aibiú dóibh, iad suas le 25 cm ar fad.

Cuireadh í ar mhaithe lena hadhmad i dtuaisceart agus in iarthar na hEorpa; crann maisiúil i bpáirceanna poiblí agus i ngairdíní.

(An Ghiúis Mhór lch 121); An Ghiúis Gheal lch 98; Giúis Dhúghlais lch 97.

Buaircíní faoi bhláth: Aibreán-Bealtaine.

AN SPRÚS LOCHLANNACH
SÍORGHLAS, MÓR

Picea abies

Rinn bhiorach ar na duillí crua glasa, iad 1-2 cm ar fad; rangú bíseach orthu feadh na gcraobhacha, seachas iad a bheith ina sraitheanna.

Crann ard cónach; fágtar starrtha pionnachruthacha ar na craobhóga nuair a thiteann na duillí díobh; na buaircíní baineanna ina seasamh, iad glas ar dtús, donn silteach ar aibiú dóibh, iad 10-15 cm ar fad, ag fás i ndeas do mhullach an chrainn; titeann na buaircíní iomlána.

Ar ardtailte ar fud cuid mhór den Eoraip; cuirtear i bpáirceanna poiblí é, agus ar mhaithe lena adhmad; úsáidtear crainn óga mar chrainn Nollag.

An Sprús Seirbiach lch 101; (An Sprús Sitceach lch 121); (An Sprús Oirthearach lch 121); (An Sprús Gorm lch 121).

Buaircíní faoi bhláth: Bealtaine-Meitheamh.

♀   ♂

Na duillí leacaithe, iad 1-2 cm ar fad, ceann maol orthu, iad glas ar uachtar agus 2 bhanda gheala ar íochtar; rangú bíseach orthu feadh na gcraobhacha, seachas iad a bheith ina sraitheanna.

Crann ard cónach; fágtar starrtha pionnachruthacha ar na craobhóga tar éis do na duillí titim díobh; na buaircíní baineanna ar sileadh ar na géaga is airde, iad rua ar dtús, dúdhonn ar aibiú dóibh, iad 3-6 cm ar fad; na buaircíní iomlán ar thitim dóibh.

Cuirtear i dtuaisceart na hEorpa é ar mhaithe lena adhmad, agus i bpáirceanna & i ngairdíní cathrach mar go seasann sé an truailliú.

An Sprús Lochlannach lch 100; (An Sprús Sitceach lch 121); (An Sprús Oirthearach lch 121); (An Sprús Gorm lch 121).

Buaircíní faoi bhláth: Bealtaine.

AN LEARÓG EORPACH
DUILLSILTEACH, MÓR

Larix decidua

Na duillí 1-3 cm ar fad, 30-40 sa bhraisle, iad glasuaine, go háirithe san earrach agus na duillí úra ag nochtadh.

Crann ard cónach; brachtanna suntasacha rua ar na buaircíní baineanna agus iad óg, éiríonn siad donn ubhchruthach ar aibiú dóibh, iad 2-3.5 cm ar fad; fanann siad ar an gcrann i ndiaidh sceitheadh na síolta.

Cuirtear í ar mhaithe leis an adhmad, agus i bpáirceanna poiblí agus i ngairdíní i gcuid mhór den Eoraip; is minic í ag fás fiáin.

An Learóg Sheapánach lch 103.

Buaircíní faoi bhláth: Márta-Aibreán.

AN LEARÓG SHEAPÁNACH

Larix kaempferi DUILLSILTEACH, MÓR

Na duillí 1.5-3.5 cm ar fad, timpeall 40 sa bhraisle, iad gormghlas agus dhá bhanda bhána ar íochtar.

Crann leathan cónach; brachtanna scothghlasa neamhfheiceálacha ar na buaircíní baineanna agus iad óg, éiríonn siad donn ubhchruthach ar aibiú dóibh, iad 1.5-3.5 cm ar fad; fanann siad ar an gcrann i ndiaidh sceitheadh na síolta.

Cuirtear í ar mhaithe leis an adhmad i dtuaisceart agus in iarthar na hEorpa.

An Learóg Eorpach lch 102.

Buaircíní faoi bhláth: Márta-Aibreán.

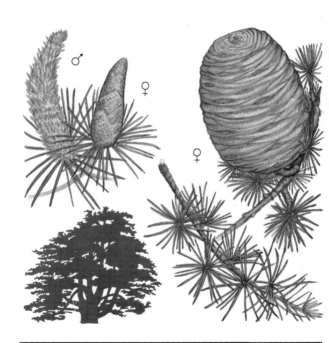

Na duillí 2-3 cm ar fad, 10-15 sa bhraisle, iad gormghlas go dúghlas; fásann na péacáin óga amach go cothrománach.

Crann mór; na géaga ag fás in airde, déanann siad mullach leathan réidh; na buaircíní fireanna agus baineanna mór ingearach agus suntasach; na buaircíní fireanna liathghlas, na cinn bhaineanna donn; briseann siad agus sceitear na síolta agus iad fós ar an gcrann.

Speiceas ón meánoirthear é; tá friotaíocht mhaith ann in aghaidh truaillithe; cuirtear go forleathan é i bpáirceanna poiblí agus i reiligí.

Céadar Dé lch 105; (Céadar Atlais lch 121).

Buaircíní faoi bhláth: Deireadh Fómhair-Feabhra.

Cedrus deodara

SÍORGHLAS, MÓR

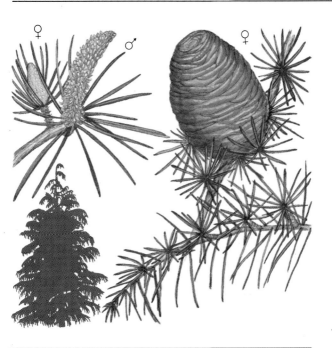

Na duillí 2-5 cm ar fad, 15-20 sa bhraisle, iad dúghlas nó buíghlas; na péacáin óga ina stua anuas.

Craobhacha silteacha ar an gcrann óg; cuma leathan chónúil ar an gcrann fásta; na buaircíní fireanna agus baineanna mór ingearach agus suntasach; na buaircíní fireanna corcra, na cinn bhaineanna donn; briseann siad & sceitear na síolta agus iad fós ar an gcrann.

Cuirtear go forleathan é i bpáirceanna poiblí agus i ngairdíní i gcuid mhór den Eoraip agus ar mhaithe leis an adhmad ó dheas.

Céadar na Liobáine lch 104 (Céadar Atlais lch 121).

Buaircíní faoi bhláth: Samhain.

♂   ♀

Na duillí 10-20 cm ar fad, ag fás ina bpéirí, iad bánghlas, an-téagartha righin; ní bhíonn dlús mór duillí ar na géaga.

Crann meánmhéide; na géaga bairr i bhfad ó chéile; na buaircíní baineanna aibí 8-22 cm ar fad, dath donn éadrom snasta orthu, iad gan ghasáin; fanann siad ar an gcrann tar éis do na síolta titim.

Ithreacha éadroma agus dumhcha sa réigiún Meánmhuirí; fástar anois é i réigiúin chósúla níos faide ó thuaidh.

An Péine Albanach lch 108; An Péine Ostarach lch 107; (Péine Monterey lch 121); (An Péine Clochra lch 121).

Buaircíní faoi bhláth: Bealtaine-Meitheamh.

Na duillí 10-15 cm ar fad, iad ag fás ina bpéirí, na craobhacha clúdaithe go tiubh leo; dath dúghlas an-dorcha orthu; iad righin, díreach nó cam.

Crann ard agus coróin craobhacha ag an mbarr; na buaircíní baineanna aibí 5-6 cm ar fad, iad buídhonn, gan ghasán beagnach; fanann siad ar an gcrann tar éis do na síolta titim.

Cuirtear i gcriosanna foscaidh é, in aice an chósta go háirithe, agus in ithreacha cailce i gcuid mhór den Eoraip.

(An Péine Corsacach lch 122); An Péine Albanach lch 108; An Péine Muirí lch 106; (Péine Aleppo lch 122).

Buaircíní faoi bhláth: Bealtaine-Meitheamh.

AN PÉINE ALBANACH

SÍORGHLAS, MÓR

Pinus sylvestris

♀

♂

Na duillí 3-10 cm ar fad, iad gormghlas casta, ag fás ina bpéirí; iad ina gclúdach scáinte ar na craobhacha.

Crann meánmhéide nó mór; coróin craobhacha ag an mbarr; na buaircíní baineanna aibí 2-8 cm ar fad, iad liathdhonn, ar ghasáin ghearra; fanann siad ar an gcrann tar éis do na síolta titim.

An crann péine is forleithne san Eoraip; fásann sé in ithreacha éadroma gainmheacha, ar an talamh ard go háirithe.

An Péine Ostarach lch 107; An Péine Muirí lch 106; (An Péine Clochra lch 121).

Buaircíní faoi bhláth: Bealtaine-Meitheamh.

♀   ♂

Na duillí righne 5-8 cm ar fad, iad dúghlas ar uachtar agus geal ar íochtar, 5 dhuille sa bhraisle, iad ag clúdach na gcraobhacha go dlúth.

Crann pirimidiúil; na géaga ag síneadh go talamh beagnach; na péacáin óga clúdaithe le clúmh suaithinseach donnrua; na buaircíní baineanna corcairdhonn ar ghasáin ghearra ar aibiú dóibh; iad c. 8 cm ar fad; iad iomlán ar thitim dóibh.

Crann dúchais ar na hAlpa agus ar Shléibhte Cairp; cuirtear in áiteanna eile san Eoraip é ar mhaithe lena adhmad.

(An Péine Bútánach lch 122); (Péine Weymouth lch 122).

Buaircíní faoi bhláth: Bealtaine-Meitheamh.

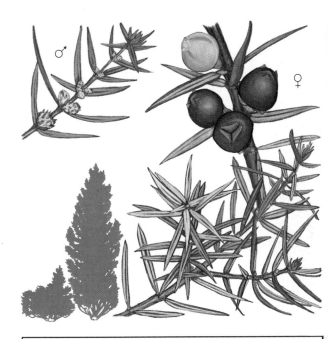

Caor ghlas an toradh; éiríonn sí dúghorm ar aibiú di agus í bliain ar an bplanda; bíonn dornán síolta inti.

Tor craobhach nó crann beag; na duillí beag righin biorach, 3 cinn san fháinne, iad dúghlas ar íochtar agus stríoc bhán ar uachtar; na caitíní fireanna agus na bláthanna baineanna ar chrainn ar leith.

Ar thalamh cnocach cailce nó aolchloiche agus ar shliabh aigéadach ar fud na hEorpa.

An-chuid cineálacha saothraithe ann. (An tAiteal Deilgneach lch 122); An tAiteal Síneach lch 111.

Bláthanna: Bealtaine-Meitheamh; torthaí Meán Fómhair-Deireadh Fómhair.

Caor bhánghorm an toradh; éiríonn sí donnchorcra ar aibiú di agus í bliain ar an bplanda; bíonn dornán síolta inti.

Crann beag cónúil agus dhá chineál duillí air - spíonlach óg deilgneach gormghlas agus duillí aosacha dúghlasa crotalacha agus iad fáisethe ar na craobhóga; na caitíní fireanna agus na bláthanna baineanna ar chrainn ar leith.

Cuirtear i bpáirceanna poiblí, i ngairdíní agus i reiligí é ar fud cuid mhór den Eoraip.

An tAiteal lch 110, (An tAiteal Pinn Luaidhe lch 122); (An tAiteal Féiníceach lch 122); ('Skyrocket' lch 125).

Bláthanna: Márta-Aibreán; glacann sé dhá bhliain ar an toradh aibiú.

AN tARÓCAR

SÍORGHLAS, MÓR

Araucaria araucana

Crann mór cruinneachánach; cruth suntasach air: craobhacha téagartha cothrománacha nó silteacha, cóiriú rialta orthu agus iad clúdaithe le duillí ramhra snasta glasa.

Na buaircíní fireanna & baineanna ar chrainn ar leith; na buaircíní baineanna fásta cruinn donn, ina seasamh ar uachtar na gcraobhacha, briseann siad agus sceitear na síolta agus iad fós ar an gcrann; na buaircíní fireanna donn, ina mbraislí ar reanna na gcraobhacha.

Tugadh isteach é agus cuireadh i bpáirceanna poiblí agus i ngairdíní é, in iarthar na hEorpa go háirithe.

Ceann ar bith.

Buaircíní faoi bhláth: Iúil.

AN CÉADAR CRÓN IARTHARACH
Thuja plicata   SÍORGHLAS, MÓR

Na buaircíní baineanna cónúla flúirseach; iad c. 1 cm ar fad, leathrúil, glas ar dtús, donn ar ball; ar na trí chrotal lárnacha amháin a bhíonn síolta, 2-3 síol ar gach crotal.

Crann mór pirimidiúil; an ghéag mhullaigh ina seasamh; boladh sú piorraí ón duilliúr triopallach; na duillí urchomhaireach, iad glas ar uachtar, bán ar íochtar; na buaircíní fireanna bídeacha dofheicthe beagnach ar bharr na bpéacán.

Tugadh isteach é agus cuireadh go forleathan ar fud na hEorpa é ar mhaithe lena adhmad, agus mar fhál fothana.

Cufróg Lawson lch 114; Cufróg Leyland lch 115; (An Céadar Bán lch 122); Saothróga comónta lch 125.

Buaircíní faoi bhláth: Márta.

CUFRÓG LAWSON

SÍORGHLAS, MÓR *Chamaecyparis lawsoniana*

♂

♀

Na buaircíní cruinne baineanna flúirseach, iad c. 8 mm trasna; iad glas ar dtús, donn adhmadach ar ball; 2-5 shíol ar gach ceann de na hocht gcrotal.

Crann mór cónúil; an ghéag mhullaigh crom agus boladh suntasach roisín ón duilliúr triopallach; na duillí urchomhaireach, iad dúghlas ar uachtar, scothbhán ar íochtar; na buaircíní fireanna suas le 5 mm trasna, iad ar reanna na bpéacán.

Tugadh isteach é agus cuireadh go fairsing é ar mhaithe leis an adhmad agus mar fhál fothana ar fud na hEorpa.

Neart cineálacha saothraithe, a méid agus a gcruth an éagsúlacht is mó, féach lch 125; Cufróg Leyland lch 115.

Buaircíní faoi bhláth: Feabhra-Aibreán.

114

Is annamh buaircíní, fireann nó baineann air; na buaircíní
baineanna cruinn donn snasta nuair is ann dóibh, iad 2-3 cm
trasna agus 4-8 gcrotal gan phór iontu de ghnáth.

Crann mór cónúil; an ghéag mhullaigh claonta agus boladh an roisín
ón duilliúr triopallach; na duillí urchomhaireach, iad glas ar uachtar,
scothbhuí ar íochtar.

Cuireadh go forleathan í mar fhál fothana ar fud cuid mhaith den
Eoraip.

Iliomad cineálacha saothraithe ann, dath na nduillí an
phríomhdhifríocht eatarthu, lch 125; Cufróg Lawson lch 114.

Buaircíní faoi bhláth: Márta.

CUFRÓG MONTEREY

SÍORGHLAS, AR MEÁNMHÉID   *Cupressus macrocarpa*

Na buaircíní baineanna flúirseach, iad cruinn cnapánach, c. 3 cm trasna; iad glas ar dtús, corcairdhonn snasta ar ball; 8-20 síol ar gach ceann de na 8 gcrotal.

Crann cruinneachánach meánmhéide; an ghéag mhullaigh ina seasamh, boladh liomóide ón duilliúr triopallach; na duillí urchomhaireach dúghlas; na buaircíní fireanna c. 3 mm trasna ar reanna na bpéacán taobh thiar de na buaircíní baineanna.

Tugadh isteach í agus cuireadh in iarthar agus i ndeisceart na hEorpa í, mar fhál fothana go háirithe.

Iliomad cineálacha saothraithe ann, féach lch 125; an Chufróg Iodálach lch 117; Cufróg Leyland lch 115.

Buaircíní faoi bhláth: Márta.

116

AN CHUFRÓG IODÁLACH

Cupressus sempervirens   SÍORGHLAS, AR MEÁNMHÉID

Crann an-chaol é an leagan seo den Chufróg Iodálach; in
airde a ghabhann na géaga agus na péacáin thriopallacha ar a
mbíonn duillí dúghlasa urchomhaireacha.

Na buaircíní baineanna cruinne flúirseach; iad 2-4 cm trasna, glas ar
dtús agus buí-odhar ar ball; 8-20 síol ar gach ceann de na 8-14
chrotal; na buaircíní fireanna c. 4 mm trasna, ar reanna na bpéacán.

Cuirtear go forleathan san Eoraip í, i dtíortha na Meánmhara go háirithe
mar ar rud suaithinseach an chuma ingearach a bhíonn uirthi.

Tá leagan leathan den chrann sin ann freisin, lch 122; (Cufróg
Monterey lch 125).

Buaircíní faoi bhláth: Márta.

Crainn chosúla agus Saothróga

Saileach na dTrí Bhall *(Salix triandra)*
(1) Tor; duillí neamhribeacha, iad 3-8
n-uaire chomh fada lena leithead. **An
tSaileach Shilte Shíneach** *(S. babylonica)*
(2) Coirt dhonn ar na géaga fada silte. **An
Crann Péitseoige** (3) Na bláthanna ar
dhath an róis; péitseoga veilbhiteacha
buídhearga na torthaí. **An Crann Silíní
Dubha** (4) Crann mór; ribí flannbhuí ar
íochtar na nduillí. **An Feoras Seapánach**
(5) Crann beag síorghlas a fhaightear i
ndeisceart na hEorpa den chuid is mó. **An
Crann Silíní Searbha** (6) Tor a mbíonn
caora dearga air, silíní Morello. **An
tSaileach Liath** *(S. cinerea)* (7) Tor a
mbíonn caitíní caola agus duillí caola air.
An Phoibleog Dhubh (8) crann mór a
mbíonn coirt dhubh agus meallta ar an stoc
aige. **An Phoibleog Iodálach** (9) Crann
mór a mbíonn coirt dhubh uirthi ach gan
aon mheallta ar an stoc. **An Crann
Cainche Seapánach** *(Chaenomeles
laginaria)* (10) Bláthanna scarlóideacha ina
mbraislí beaga ar an seanadhmad.

Crainn chosúla agus Saothróga

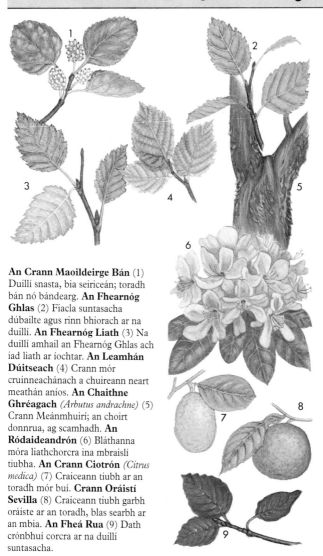

An Crann Maoildeirge Bán (1)
Duillí snasta, bia seiriceán; toradh
bán nó bándearg. **An Fhearnóg
Ghlas** (2) Fiacla suntasacha
dúbailte agus rinn bhiorach ar na
duillí. **An Fhearnóg Liath** (3) Na
duillí amhail an Fhearnóg Ghlas ach
iad liath ar íochtar. **An Leamhán
Dúitseach** (4) Crann mór
cruinneachánach a chuireann neart
meathán aníos. **An Chaithne
Ghréagach** *(Arbutus andrachne)* (5)
Crann Meánmhuirí; an choirt
donnrua, ag scamhadh. **An
Ródaideandrón** (6) Bláthanna
móra liathchorcra ina mbraislí
tiubha. **An Crann Ciotrón** *(Citrus
medica)* (7) Craiceann tiubh ar an
toradh mór buí. **Crann Oráistí
Sevilla** (8) Craiceann tiubh garbh
oráiste ar an toradh, blas searbh ar
an mbia. **An Fheá Rua** (9) Dath
crónbhuí corcra ar na duillí
suntasacha.

119

Crainn chosúla agus Saothróga

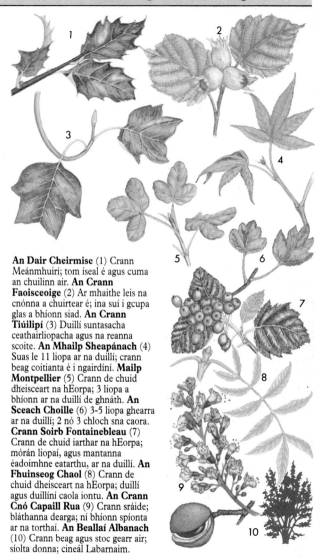

An Dair Cheirmise (1) Crann Meánmhuirí; tom íseal é agus cuma an chuilinn air. **An Crann Faoisceoige** (2) Ar mhaithe leis na cnónna a chuirtear é; ina suí i gcupa glas a bhíonn siad. **An Crann Tiúilipí** (3) Duillí suntasacha ceathairliopacha agus na reanna scoite. **An Mhailp Sheapánach** (4) Suas le 11 liopa ar na duillí; crann beag coitianta é i ngairdíní. **Mailp Montpellier** (5) Crann de chuid dheisceart na hEorpa; 3 liopa a bhíonn ar na duillí de ghnáth. **An Sceach Choille** (6) 3-5 liopa ghearra ar na duillí; 2 nó 3 chloch sna caora. **Crann Soirb Fontainebleau** (7) Crann de chuid iarthar na hEorpa; mórán liopaí, agus mantanna éadoimhne eatarthu, ar na duillí. **An Fhuinseog Chaol** (8) Crann de chuid dheisceart na hEorpa; duillí agus duillíní caola iontu. **An Crann Cnó Capaill Rua** (9) Crann sráide; bláthanna dearga; ní bhíonn spíonta ar na torthaí. **An Beallaí Albanach** (10) Crann beag agus stoc gearr air; síolta donna; cineál Labarnaim.

Crainn chosúla agus Saothróga

An Ghiúis Spáinneach *(Abies pinsapo)* (1) Na duillí ingearach leis na craobhóga, á gclúdach go tiubh. **An Ghiúis Mhór** *(A. grandis)* (2) Spíonlach fada bog snasta, ina dhá shraith. **An Sprús Sitceach** (3) Imeall suaithinseach casta ar chrotail na mbuaircíní. **An Sprús Oirthearach** (4) An spíonlach sprúis is giorra, gan iad ach 6-10 mm ar fad. **An Sprús Gorm** (5) Spíonlach righin deilgneach, dath suntasach gorm air. **An Himlic Iartharach** (6) Suas le 60 cm den ghéag mhullaigh i bhfoirm stua. **Céadar Atlais** *(Cedrus atlantica)* (7) Na péacáin óga ag gobadh in airde; 10-45 spíon ina mbraislí. **Péine Monterey** (8) Spíonlach bog glasuaine; 3 spíon sa bhraisle. **An Péine Clochra** *(Pinus pinea)* (9) Crann Meánmhuirí; spíonlach dúghlas air.

Crainn chosúla agus Saothróga

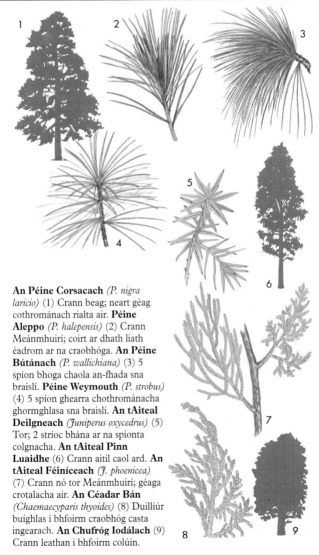

An Péine Corsacach *(P. nigra laricio)* (1) Crann beag; neart géag cothrománach rialta air. **Péine Aleppo** *(P. halepensis)* (2) Crann Meánmhuirí; coirt ar dhath liath éadrom ar na craobhóga. **An Péine Bútánach** *(P. wallichiana)* (3) 5 spíon bhoga chaola an-fhada sna braislí. **Péine Weymouth** *(P. strobus)* (4) 5 spíon ghearra chothrománacha ghormghlasa sna braislí. **An tAiteal Deilgneach** *(Juniperus oxycedrus)* (5) Tor; 2 stríoc bhána ar na spíonta colgnacha. **An tAiteal Pinn Luaidhe** (6) Crann aitil caol ard. **An tAiteal Féiníceach** *(J. phoenicea)* (7) Crann nó tor Meánmhuirí; géaga crotalacha air. **An Céadar Bán** *(Chaemaecyparis thyoides)* (8) Duilliúr buíghlas i bhfoirm craobhóg casta ingearach. **An Chufróg Iodálach** (9) Crann leathan i bhfoirm colúin.

Crainn chosúla agus Saothróga

Crainn Silíní Sheapánacha
(1-7) '*Amanogawa*' (1) Éiríonn na géaga in airde ionas gur crann anchaol é. '*Shimidsu Sakura*' (2) Coróin mhaol toisc na géaga leathana. '*Tai-Haku*' (3) Géaga leathana; bláthanna bána aonair. '*Hokusai*' (4) Ar na cinn is túisce faoi bhláth; crann an-leathan. '*Shirotae*' (5) Crann beag; na craobhacha ag sileadh. '*Ukon*' (6) Crann leathan fairsing; imir ghlas ar na bláthanna. **Crann Silíní Silte Cheal** (7) Scuabann na géaga an talamh uaireanta.
Crann Mhagnóilia *Magnolia grandiflora* (8) Crann síorghlas; duillí móra leathrúla. *M. stellata* (9) Crann beag; líon mór peiteal caol ar na bláthanna. *M. campbellii* (10) Crann mór; na bláthanna ar dhath an róis.

Crainn chosúla agus Saothróga

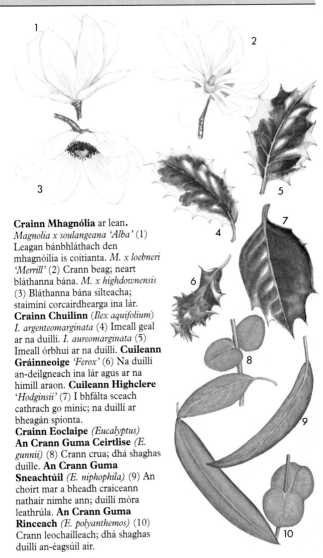

Crainn Mhagnólia ar lean.
Magnolia x soulangeana 'Alba' (1)
Leagan bánbhláthach den
mhagnóilia is coitianta. *M. x loebneri*
'Merrill' (2) Crann beag; neart
bláthanna bána. *M. x highdownensis*
(3) Bláthanna bána silteacha;
staimíní corcairdhearga ina lár.
Crainn Chuillinn (*Ilex aquifolium*)
I. argenteomarginata (4) Imeall geal
ar na duillí. *I. aureomarginata* (5)
Imeall órbhuí ar na duillí. **Cuileann**
Gráinneoige *'Ferox'* (6) Na duillí
an-deilgneach ina lár agus ar na
himill araon. **Cuileann Highclere**
'Hodginsii' (7) I bhfálta sceach
cathrach go minic; na duillí ar
bheagán spíonta.
Crainn Eoclaipe (*Eucalyptus*)
An Crann Guma Ceirtlise (*E.*
gunnii) (8) Crann crua; dhá shaghas
duille. **An Crann Guma**
Sneachtúil (*E. niphophila*) (9) An
choirt mar a bheadh craiceann
nathair nimhe ann; duillí móra
leathrúla. **An Crann Guma**
Rinceach (*E. polyanthemos*) (10)
Crann leochailleach; dhá shaghas
duillí an-éagsúil air.

Crainn chosúla agus Saothróga

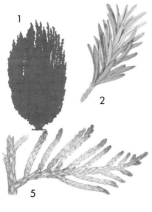

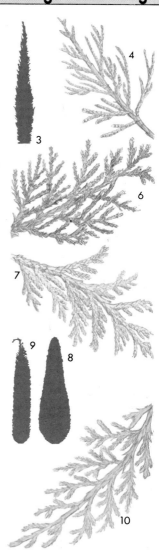

An tIúr Díreach (1) Crann caol ina cholgsheasamh; duillí dúghlasa. **An tIúr Díreach Buí** (2) Crann caol ina cholgsheasamh; duillí buí. **Aiteal Pinn Luaidhe** *'Skyrocket'* (3) Crann an-chaol; fásann sé ina chrann ard. **Cufróg Monterey** *'Donard Gold'* (4) Crann cónúil; duillí órbhuí. **Céadar Crón Iartharach** *Zebrina* (5) Crann cónúil; bandaí glasa agus buí ar na duillí. **Cufróga Lawson:** *'Pembury Blue'* (6) Crann cónúil; duillí gorma. *'Stewartii'* (7) Crann cónúil; duillí buí. *'Pottenii'* (8) Crann dlúth cónúil; duillí dúghlasa. *'Columnaris'* (9) Crann dlúth caol gallánach; duillí liathghlasa. **Cufróg Leyland** *'Castlewellan Gold'* (10) Crann gallánach a chuirtear i bhfálta ornáideacha; duillí buí.

Treoir agus Liosta Seiceála

Is féidir tic a chur sa bhosca lena bhfuil feicthe agat a thaifeadadh.

Gluais

Ascaill An uillinn V-chruthach a dhéanann duille leis an gcraobhóg as a bhfásann sé..

Barrscoitheadh An choróin nó an barr a bhaint (nó a scoitheadh) de chrann ionas go dtagann líon mór stoc chun cinn.

Bracht Fás glas duilleach a mbíonn bláth ina ascaill agus a fhanann ar an bplanda in éineacht leis an toradh uaireanta; bíonn brachtanna an-éagsúil lena chéile ó thaobh méide, cuma agus feidhme de.

Buaircín Bláthanna agus toradh an chrainn bhuaircínigh. Na cóin fhireanna a thugann pailin uathu; tagann na síolta chun cinn sna cóin bhaineanna. Is iad na cóin dhonna adhmadúla lánfhásta a mbíonn síol iontu is suaithinsí; féadann siad a bheith mór cónúil nó beag cónúil.

Caitín Spíce silteach de bhláthanna beaga; na bláthanna fireanna a thugann an phailin; pailnítear na caitíní baineanna agus fásann siad ina gcaitíní torthúla a mbíonn síolta iontu.

Capsúl Toradh tirim a scoilteann chun na síolta a scaoileadh uaidh.

Crios foscaidh /fothana Crios tor nó crann a cuireadh d'aon ghnó mar bhac ar an ngaoth.

Duillí urchomhaireacha Duillí a bheadh ag fás ina bpéirí os comhair a chéile ar ghéag nó ar chraobhóg, rud is annamh, i gcomparáid le 'duillí ailtéarnacha' – duille a bheith ag fás as gach aon taobh den chraobhóg gach re seal.

Duillsilteach Crann a chailleann a chuid duillí sa gheimhreadh.

Hibrid Planda a tháinig ann de thoradh speiceas áirithe planda a chrosáil le speiceas eile; is minic lámh ag daoine ann ach tarlaíonn sé go nádúrtha freisin; baineann tréithe an dá thuismitheoir leo; bíonn 'x' san ainm Laidine.

Meall Ball garbh ar choirt crainn a mbíonn neart péacán ag fás air.

Meathán Péacán a fhásann díreach as fréamhacha crainn nó toir; is minic a bhíonn sé achar measartha ón tuismitheoir agus déanfaidh sé crann úr ar deireadh thiar.

Péacán Craobhóg bhog úrnua agus í ag fás.

Sceitheadh gairdín Planda saothraithe a bheadh tar éis sceitheadh as gairdín agus a bheadh ag fás fiáin.

Síorghlas Crann a bhíonn faoi dhuilliúr ar feadh na bliana.

Staimíní An chuid sin de bhláth a tháirgíonn pailin.

Torthaí Is iontu a bhíonn na síolta; féadann siad a bheith tirim nó súmhar, donn nó ar dhathanna geala, deilgneach nó mín, etc.